게임으로 배우는 파이썬

게임으로 배우는 파이썬

GEMUOTSUKURINAGARATANOSHIKUMANABERU PYTHON PUROGURAMINGU by Kenichiro Tanaka

Copyright © 2017 Tanaka Kenichiro All rights reserved.

Original Japanese edition published by Impress R&D, Inc.

Korean translation copyright © 2019 by Youngjin.com Inc

This Korean edition published by arranged with Impress R&D, Inc. through HonnoKizuna, Inc., Tokyo, and Shinwon Agency Co.

ISBN 978-89-314-5998-2

독자님의 의견을 받습니다.

이 책을 구입한 독자님은 영진닷컴의 가장 중요한 비평가이자 조언가입니다.

저희 책의 장점과 문제점이 무엇인지, 어떤 책이 출판되기를 바라는지, 책을 더욱 알차게 꾸밀 수 있는 아이디어가 있으면 이메일, 또는 우편으로 연락주시기 바랍니다.

의견을 주실 때에는 책 제목 및 독자님의 성함과 연락처(전화번호나 이메일)를 꼭 남겨 주시기 바랍니다. 독자님의 의견에 대해 바로 답변을 드리고, 또 독자님의 의견을 다음 책에 충분히 반영하도록 늘 노력하겠습니다.

주소 : (우) 08507 서울특별시 금천구 가산디지털1로 128 STX-V타워 4층 영진닷컴 기획1팀

대표팩스 : (02) 867-2207

등록 : 2007. 4. 27. 제16-4189호

이메일 : support@youngjin.com

STAFF

저자 다나카 겐이치로 | **역자** 김은철, 유세라 | **책임** 김태경 | **진행** 김민경 | **편집** 고은애
영업 박준용, 임용수 | **마케팅** 이승희, 김다혜, 김근주, 조민영 | **제작** 황장협 | **인쇄** SJ P&B

이 책의 목적은 파이썬의 기초를 배우는 것입니다. 파이썬은 머신러닝과 AI 등 최첨단의 분야에서 주목받고 있는데, 프로그래밍을 학습하기 위한 언어로도 적합합니다.

프로그래밍 언어는 책을 읽는 것만으론 좀처럼 익히기 어렵습니다. "여러 가지 소스 코드를 읽고, 여러 가지 프로그램을 작성해 본다"는 절차가 매우 중요합니다.

학교에서 배우는 영어는 문법이 중심입니다. 그러나, 영문법을 배운 것만으로 영어 회화를 할 수 있는 것은 아닙니다. 프로그램도 같습니다. 문법 공부만으로 실제로 프로그램을 작성할 수 있지는 않습니다. 왜 그럴까요? 프로그램 언어는 다양한 용도로 사용할 수 있게 고도로 추상화돼 있습니다. 그것을 어떻게 구체적인 코드로 구현하는지 이해하기 위해서는 실제 예를 많이 봐야 하기 때문입니다. 영어 회화를 시작하기 위해서는 네이티브 스피커의 영어를 많이 접해야 하는 것과 같습니다.

그래서 이 책에서는 전반부에서 파이썬 문법에 대해서 설명하고, 후반부에서는 많은 샘플을 다룹니다. 문법이 실제로 어떻게 구현되는지를 확인하길 바랍니다. 반드시 '이 명령은 이렇게 쓰는 거구나!' 라고 느끼게 될 것입니다. 단순한 작업이지만 이 절차를 반복함으로써 점점 내 것이 늘어갈 것입니다. 점차 내 것이 늘어가면 작업을 효율적으로 할 수 있게 됩니다. 이 단계에 도달하면 다음부터는 가속도로 기능이 향상됩니다.

이 절차를 지속할 때 중요한 것은 동기입니다. 즐겁지 않으면 계속할 수 없습니다. 그래서 이 책에서는 게임을 주제로 선택했습니다. 게임을 만드는 것도 플레이 하는 것과 똑같이 즐거울 것입니다. 이 책을 계기로 여러 가지 게임을 만들어보세요. 반드시 파이썬이 익숙해질 것이라 확신합니다.

이 책의 소재가 되는 게임은 초보자도 입력하기 쉽도록 가능한 코드의 길이를 짧게 구성했습니다. 모든 게임은 하나의 파일로 완결됩니다. 익숙해지면 몇 시간 내에 입력할 수 있는 샘플도 많을 것입니다. 이 책에 수록된 게임의 일부를 소개합니다.

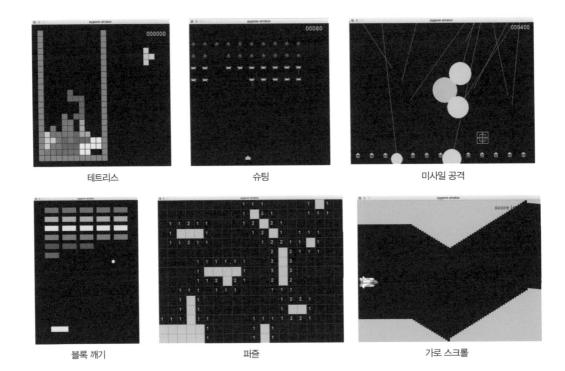

테트리스   슈팅   미사일 공격

블록 깨기   퍼즐   가로 스크롤

사실 필자는 파이썬을 배우려고 입문서를 읽고, 온라인 세미나도 다녔지만 익숙해지지 않았습니다. 그러다가 자바스크립트 게임을 파이썬으로 이식해 봤더니 잠깐 사이에 금방 익숙해졌습니다. 원래 자바스크립트도 그렇게 긴 코드는 아니었지만 이식 후 소스 코드가 더욱 짧아진 것에 놀라움을 금치 못했습니다. 파이썬으로의 이식 작업은 '이 처리를 이렇게 간단하게 기술할 수 있구나!' 같은 발견의 연속이었습니다. 이 프로그램 언어가 익숙해지는 느낌을 독자 여러분도 꼭 만끽하기 바랍니다.

파이썬은 여러 가지 용도로 이용할 수 있습니다. 이 책에서 다룬 범위는 극히 일부에 불과합니다. 그렇지만 파이썬의 기본을 익히면 다양한 길을 스스로 개척할 수 있을 것입니다. 기계 학습이나 데이터 분석, 파이썬의 가능성은 무한합니다. 여러분이 관심이 있는 분야로 나아가세요. 이 책이 그런 계기가 되길 바랍니다.

역자의 글

이제는 프로그래머나 디자이너나 파이썬을 모르면 뭔가 만들기가 쉽지 않습니다. 전 세계적으로 영어를 많이 사용하듯 프로그래밍 세상에서는 파이썬이 대세입니다. 왜일까요? 배우기 쉽고 방대한 기능을 하는 라이브 러리가 프로그래머한테 매력적이며, 디자이너는 3D를 다루기 위해 파이썬을 활용해야 하기 때문입니다.

파이썬과의 인연을 생각해보니, 우리나라에 파이썬 입문서가 딱 한 권 존재하던 시절에 처음 보았던 그 책이 떠오릅니다. 그때의 파이썬은 저에게 굉장히 신선한 언어였습니다. 그전에 봐왔던 언어들보다 간결하고 쉽다 는 것이 그 당시의 생각이었는데, 현재의 파이썬을 보면 실로 놀라운 위치에 있는 것 같습니다. 최근에는 인공 지능, 머신러닝까지 파이썬으로 구현하므로 가히 만능 언어라고 해도 과언이 아니겠죠!

이 책은 기초편과 게임편으로 나눠서 설명합니다. 파이썬에 대한 기초 지식을 배우고 나서, 실제로 게임을 제 작하는 과정을 소개합니다. 게임편에서는 향수를 불러일으키는 테트리스, 겔러그, 블록, 퍼즐, 미사일 게임 등 고전적인 게임을 제작합니다. 2D 게임이기는 하나 3D 못지않은 퀄리티로 게임을 만들 수 있습니다. 게임에 빠 져 밤새 하다가 좀 더 재미있게 게임을 바꾸게 될지도 모릅니다.

다른 사람의 코드를 이해하고, 내 것으로 만드는 것은 참으로 어려운 일입니다. 하지만 다른 사람의 코드를 보면 서 구현하는 방법을 배워서 내 것으로 만드는 것이야말로 참된 배움이라고 할 수 있습니다. 처음에 이해가 되지 않는다면 완성된 게임이 있으니, 직접 플레이하면서 이해를 해 보세요. 그러다 보면 언젠가 내 것이 돼 있을 것입 니다.

끝으로 책이 나올 수 있도록 도움을 주신 영진닷컴 관계자 분들께 감사드립니다.

2019년 2월
김은철, 유세라

차례

Part 1 기초편

Chapter 1 | 파이썬 소개 12
  1 풍부한 라이브러리 12
  2 환경설정 13

Chapter 2 | 데이터형과 데이터 구조 20
  1 연산 20
  2 변수 22
  3 대입의 간이 기법 23
  4 함수 24
  5 데이터형 26
  6 형변환 29
  7 리스트, 튜플, 사전 31
  8 리스트나 튜플을 다루는데 편리한 함수 41
  9 주석 47
  10 행의 줄바꿈 47

Chapter 3 | 제어문 49
  1 인덴트 49
  2 조건식 평가 51
  3 부울값 이외의 값 56
  4 함수 63
  5 모듈 70

Chapter 4 | PyGame 76
  1 윈도 표시 76
  2 타이머 80

3 PyGame의 문서 ·· 84

4 각종 그리기 ·· 85

Chapter 5 | 기타 알아 둘 사항 ·· 118

1 삼각함수의 기초 ·· 118

2 디버깅 ·· 121

3 범위 ·· 129

Chapter 6 | 객체지향 ·· 135

1 프로퍼티와 메서드 ·· 135

2 클래스와 객체(인스턴스) ·· 137

3 상속의 개념 ·· 138

4 메서드와 인터페이스 ·· 139

5 클래스 설계 ·· 140

6 클래스 정의 ·· 141

7 메서드 ·· 143

8 상속 ·· 144

Part

2 게임편

Chapter 1 | Cave ·· 150

1 개요 ·· 153

2 전역 변수 ·· 153

3 함수 ·· 154

Chapter 2 | 마인 스위퍼 ·· 158

1 개요 ·· 162

2 전역 변수 ·· 162

3 함수 ·· 163

Chapter 3 | Saturn Voyager ·· 169

1 좌표계 ·· 172

2 전역 변수·전역 코드 ·· 173

3 함수 ·· 174

Chapter 4 | Snake 180

    1 개요(함수 버전) 183

    2 전역 변수 183

    3 함수 184

    4 개요(객체지향 버전) 188

    5 클래스 191

Chapter 5 | 블록 깨기 194

    1 개요 198

    2 전역 변수 198

    3 클래스와 함수 198

Chapter 6 | 아스테로이드 204

    1 개요 210

    2 클래스 211

    3 함수 215

Chapter 7 | Missile Command 221

    1 개요 227

    2 클래스 227

    3 전역 변수 236

    4 클래스와 함수 237

Chapter 8 | 슈팅 240

    1 개요 246

    2 클래스 246

    3 함수 249

Chapter 9 | 테트리스 256

    1 개요 264

    2 클래스 268

    3 함수 272

    4 전역 변수 274

이 책에 게재한 예제 프로그램은 다음의 URL에서 내려받을 수 있습니다. 실제 코드를 실행하고자 할 때나 코드 전체를 확인하고 싶을 때 활용하세요. 이 다운로드 서비스는 어디까지나 독자 서비스의 일환으로 제공하며, 이용기간을 보증할 수 없음을 미리 양해 부탁드립니다.

http://future-coders.net/

또한 영진닷컴 홈페이지(http://www.youngjin.com)의 부록 CD 다운로드 서비스 메뉴에서도 예제 파일을 다운로드 받을 수 있습니다.

http://www.youngjin.com/reader/pds/pds.asp

다운로드 받으면 쉽게 테스트할 수 있지만 시간적 여유가 있는 분은 반드시 직접 손으로 입력하세요. 어쩌면 입력을 하더라도 오타 등에 의해 바로 동작하지 않을 수 있습니다. 그때는 디버깅이라는 수정 작업을 하게 될 것입니다. 디버깅은 고통을 동반하는 작업일 수도 있지만, 이 과정을 통해 많이 배울 수 있습니다. 긴 시간 동안 고생하다 드디어 원인을 해결했을 때의 기분, 이것은 경험한 사람만 알 수 있습니다. 그런 경험을 쌓아 내공을 쌓아 가길 바랍니다.

기초편에서는 파이썬 설치 방법과 변수의 사용법, 산술연산 방법, 리스트나 튜플 등의 기본적인 데이터 구성, if 문, for 문, while 문 등 제어 명령에 대한 파이썬의 기본 문법에 대해 배웁니다.

또한 PyGame의 사용법, 디버깅 방법, 삼각함수의 기초, 객체지향적인 사고방식과 클래스 사용법에 대해서도 다룹니다. 이어지는 Part 2. 게임편으로 나아가기 위해 필요한 사항이므로 반드시 익혀두세요.

PART 1

기초편

01 · 파이썬 소개

02 · 데이터형과 데이터 구조

03 · 제어문

04 · PyGame

05 · 기타 알아 둘 사항

06 · 객체지향

LET'S PLAY!

Chapter
01 파이썬 소개

파이썬은 읽고 쓰기 쉽게 프로그래머의 작업 효율을 높이도록 디자인된 프로그래밍 언어입니다. 그 역사는 1990년대로 거슬러 올라갑니다. 지금은 윈도나 맥OS는 물론, 리눅스, 라즈베리 파이 등 다양한 운영체제를 지원합니다. 열성적인 팬도 많고, 앞으로도 인기는 높아갈 거라 예상됩니다. 파이썬은 버전 2와 버전 3 간에 조금 차이가 있고, 완전하게 호환되지는 않습니다. 이 책에서는 파이썬 3을 기반으로 합니다.

1 ×ׯ 풍부한 라이브러리

파이썬의 큰 특징은 "풍부한 라이브러리" 입니다. 파이썬은 간단하고 간결한 언어이므로 문법을 외우는 것은 쉽습니다. 다만, 문법을 외운 것만으로 할 수 있는 것은 제한적입니다. 그래서 목적에 맞춰 필요한 라이브러리를 로드합니다. 라이브러리에는 파일 읽고 쓰기, 네트워크 접근 등 표준으로 준비돼 있는 것만 아니라, 서드파티(파이썬 개발사 외의 제3자)가 공개하는 것도 많습니다. 라이브러리의 수가 너무 많아 책 한 권에 실을 수 없을 정도입니다.

유명한 라이브러리를 몇 개 소개합니다.

NumPy	수치 계산 라이브러리
SciPy	과학 기술 계산 라이브러리
PIL	영상처리 라이브러리
Tkinter	GUI(그래픽 사용자 인터페이스) 라이브러리
Beautiful Soup	HTML 정보 수집(스크래핑; scraping) 라이브러리
PyGame	게임 작성용 라이브러리

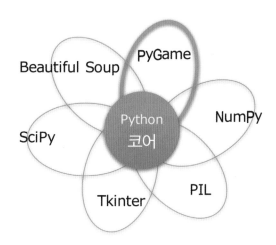

이 책에서는 먼저 파이썬의 기본이 되는 코어 부분에 대해 알아보고 게임용 라이브러리인 PyGame
에 대해 설명합니다. 끝으로 PyGame을 사용해 게임을 구현하고 그 내용을 설명합니다.

2 ˟ 환경설정

파이썬 3 + PyGame 환경을 설치할 수 있으면 운영체제는 어떤 것을 사용해도 됩니다. 파이썬과
관련된 도구는 빠른 속도로 진화하고 있기 때문에 설치 방법은 계속 바뀝니다. 이미 파이썬이 설치
돼 있는지, 그 과정이 어땠는지에 따라서도 설치하는 절차가 달라집니다. 스스로 현재의 설정을 살
펴보고 최신 정보를 조사해서 각자 파이썬 3 + PyGame을 설치하세요.

🔲 윈도판

윈도에서의 설치는 간단합니다. 파이썬 또는 아나콘다를 설치하고 명령 프롬프트에서 「pip install
pygame」이라고 입력합니다. pip는 파이썬의 패키지 관리 툴입니다.[1]

❶ 아나콘다 설치

아나콘다는 파이썬 본체에 덧붙여서 자주 쓰이는 패키지를 일괄적으로 설치할 수 있게 한 것입니다.
앞으로 기계 학습이나 인공지능 등을 공부하려는 사람에게 추천합니다.

https://www.anaconda.com/distribution/

---

1 오래된 파이썬이거나 또는 설치 시 pip를 제외했다면 pip 명령을 사용하지 못할 수도 있습니다. 그때는 pip를 별도로 설치하거나 새로운 파이썬을 다
  시 설치하세요.

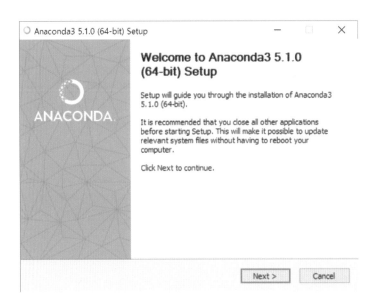

설치 경로에 한글이 포함돼 있으면 모듈에 따라서는 오류가 발생할 수 있어 설치 폴더는 C:₩ Anaconda3로 변경했습니다. 그 외는 모두 기본 설정으로 설치했습니다.

아나콘다를 설치한 후에 명령 프롬프트에서 「pip install pygame」이라고 실행합니다(*역자 주: pip 로 설치가 안되면 아나콘다가 설치된 폴더의 Scripts 폴더로 이동해서 설치해주세요. 이 예에서는 C:₩Anaconda3₩Scripts).

```
C:₩Anaconda3₩Scripts>pip install pygame
Collecting pygame
  Downloading pygame-1.9.3-cp36-cp36m-win_amd64.whl (4.2MB)
    100% |                                | 4.2MB 2.8MB/s
Installing collected packages: pygame
Successfully installed pygame-1.9.3
You are using pip version 9.0.1, however version 9.0.3 is available.
You should consider upgrading via the 'python -m pip install --upgrade pip' command.
```

동작 확인을 위해서 파이썬 모듈을 실행하고 「import pygame」이라고 실행합니다.

```
C:₩Anaconda3>python
Python 3.6.4 |Anaconda, Inc.| (default, Jan 16 2018, 10:22:32) [MSC v.1900 64 bit (
AMD64)] on win32
Type "help", "copyright", "credits" or "license" for more information.
>>> import pygame
>>>
```

오류가 없으면 준비 완료입니다. 명령 프롬프트에서 「idle」이라고 입력하면 IDLE이 실행됩니다. spyder라는 통합 개발환경도 설치돼 있습니다.

❷ 한꺼번에 설치

아나콘다를 사용하지 않고 파이썬을 설치할 수도 있습니다. 아래 사이트에서 파이썬 3을 설치합니다.
https://www.python.org/downloads/windows/

이번에는 Python 3.6.5를 설치했습니다.
https://www.python.org/downloads/release/python-365/

자신의 PC에 맞춰 적절한 인스톨러를 선택합니다. 필자는 「Windows x86-64 executable installer」를 선택했습니다.

모든 체크 박스를 선택하고 「Customize installation」을 선택합니다. 기본적으로 모든 설정은 기본으로 선택해도 됩니다. 다만, 설치하는 폴더는 「C:\Python36」으로 변경했습니다. 각자 적절한 폴더를 설정하세요.

설치가 종료되면 PyGame을 설치합니다. 명령 프롬프트를 열어 「pip install pygame」이라고 실행합니다.

파이썬 모듈을 실행하고 「import pygame」이라고 입력합니다. 오류가 없으면 준비 완료입니다.

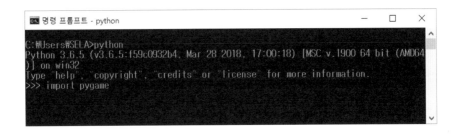

「quit()」라고 입력하면 파이썬 셸은 종료합니다. IDLE은 시작 화면에서 실행할 수 있습니다.

설치된 파이썬 버전에 따라서는 「pip install pygame」으로 적절한 패키지를 찾을 수 없을 때가 있습니다. PyGame의 홈페이지(http://www.pygame.org/download.shtml)에는 소스 코드와 바이너리가 준비돼 있는데, **바이너리 판은 자주 업데이트 되지 않습니다.** 그때는 다음과 같은 링크에서 별도 바이너리를 찾아서 「pip install pygame-1.9.3-cp27-cp27m-win32.whl」과 같이 설치하세요.
http://www.lfd.uci.edu/~gohlke/pythonlibs/

설치할 때는 파이썬 버전과 아키텍처(32비트 버전인지 64비트 버전인지)를 제대로 확인하도록 합니다.

❸ 샘플 프로그램

PyGame을 설치했으면 PyGame 샘플이 함께 설치될 것입니다. 폴더 위치는 파이썬을 설치한 위치에 따라 다릅니다.

C:\Anaconda3\Lib\site-packages\pygame\examples

C:\Python36\Lib\site-packages\pygame\examples

지금 이 폴더에 있는 파일을 봐도 어렵죠? 그러나 이 책을 다 읽고 다시 이 샘플들을 보면 그 내용을 많이 알게 될 것입니다. 양질의 콘텐츠가 많이 있으니까 꼭 소스 코드를 읽어 보세요.

📖 맥OS판

맥OS에는 기본적으로 파이썬 2가 설치돼 있습니다. 이 책에서는 파이썬 3을 사용하기로 했으므로 설치를 해야 합니다. 다양한 설치 방법이 너무 많이 공개되어 있어서 헷갈릴 수도 있습니다. 참고로 필자가 환경을 구축했을 때의 순서를 소개합니다.[2]

다음은 필자가 맥OS Sierra(10.13.3)에 파이썬 + PyGame 환경을 설치했을 때의 순서입니다. 더 나은 방법이 있을지도 모르고, 더욱 간단한 방법이 나올 가능성도 높을 것이라 생각됩니다. 설치 전에 최신 정보를 확인하세요.

(1) 앱 스토어에서 Xcode를 내려받고 설치합니다.

(2) 터미널에서 Xcode 커맨드 라인 툴을 설치합니다.

xcode-select-install

(3) Homebrew(http://brew.sh)를 설치합니다(다음 명령을 한 줄로). Homebrew란 맥OS에서 동작하는 패키지 관리 툴입니다.

ruby - e "$(curl - fsSL https://raw.githubusercontent.com/Homebrew/install/master/install)"

```
● ● ●  🏠 kenichirotanaka — sudo ‣ ruby -e #!/System/Library/Frameworks/Ruby.framework/Versions/Cur...
Kenichiro:~ kenichirotanaka$ ruby -e "$(curl -fsSL https://raw.githubusercontent.com/Homebre
w/install/master/install)"
==> This script will install:
/usr/local/bin/brew
/usr/local/share/doc/homebrew
/usr/local/share/man/man1/brew.1
/usr/local/share/zsh/site-functions/_brew
/usr/local/etc/bash_completion.d/brew
/usr/local/Homebrew
==> The following existing directories will be made writable by user only:
/usr/local/share/zsh
/usr/local/share/zsh/site-functions

Press RETURN to continue or any other key to abort
==> /usr/bin/sudo /bin/chmod 755 /usr/local/share/zsh /usr/local/share/zsh/site-functions
Password:🔒
```

---

2 저자는 http://kidscancode.org/blog/2015/09/pygame_install/ 정보를 참조했습니다. 이 책의 원서에서 제시한 방법에 오류가 있어, 역자가 구축한 환경을 추가한 내용입니다. 현재 시점에서는 구축 방법이 다를 수 있으므로 검색해보길 권장합니다.

(4) 화면의 지시대로 비밀번호를 입력하고 설치를 진행합니다.

(5) 나머지 소프트웨어를 설치합니다. 이미 설치된 모듈은 already installed라고 표시됩니다.

다음 명령을 한 줄씩 입력해서 실행해주세요.

(참고 사이트: https://nostarch.com/download/Teach_Your_Kids_to_Code_InstallingPygame_MacLinux.pdf)

```
echo export PATH='/usr/local/bin:$PATH' >> ~/.bash_profile
brew update
brew doctor
brew install python3
brew install mercurial
brew install sdl sdl_image sdl_mixer sdl_ttf portmidi
brew tap homebrew/headonly
brew install --HEAD smpeg
sudo pip3 install hg+http://bitbucket.org/pygame/pygame
pip3 install hg+http://bitbucket.org/pygame/pygame
```

❹ 동작 확인

python3을 기동하고, import pygame이라고 입력해서 오류가 발생하지 않는지 확인합니다.

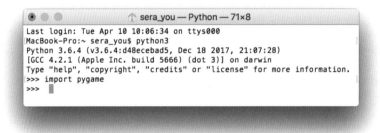

터미널에서 「python3」이라고 입력하면 인터랙티브한 실행 환경인 파이썬 쉘이 실행됩니다. 버전 번호는 설치 시기에 따라서 다르지만, 3.x와 버전 3 계열인 것을 확인하세요. 「import pygame」을 실행하면 PyGame을 사용할 수 있게 됩니다. 또한, 파이썬 쉘을 끝내려면 「quit()」를 실행합니다.

그리고 파이썬에는 간편한 통합 개발 환경인 IDLE도 있습니다. 터미널에서 idle3을 실행하면 IDLE이 실행되는지도 확인하세요.

```
●●●                🔒 sera_you — Python ‹ idle3 — 71×7
Last login: Tue Apr 10 10:59:21 on ttys000
[MacBook-Pro:~ sera_you$ idle3
🔲
```

라즈베리 파이 판

라즈베리 파이란 암(ARM) 프로세서를 탑재한 싱글보드 컴퓨터입니다. 몇 개의 하드웨어 버전이 있는데 2016년 말 시점에서는 RASPBERRY PI 3 MODEL B+가 최신입니다. OS는 별도로 설치해야 하지만 초보자라면 입문용 소프트웨어가 미리 설치되어 있는 라즈비안이 좋습니다. 라즈비안 제시(Raspbian JESSIE)에는 파이썬 2, 파이썬 3이 모두 미리 설치되어 있어, PyGame도 처음부터 사용할 수 있습니다.

Chapter 02 데이터형과 데이터 구조

파이썬을 시작할 준비가 되었으니 이제 여러 가지를 시험해 봅시다. 여기에서는 IDLE을 사용하면서 파이썬의 기본에 대해서 학습합니다. 읽으면서 실제로 해보면 더욱 효과적입니다. 모두 기본이 되는 내용이므로 제대로 파악하도록 합니다.

1 × 연산

IDLE은 계산기 대신 사용할 수 있습니다. 2+3을 계산해 봅시다.

```
● ● ●                    Python 3.6.4 Shell
Python 3.6.4 (v3.6.4:d48ecebad5, Dec 18 2017, 21:07:28)
[GCC 4.2.1 (Apple Inc. build 5666) (dot 3)] on darwin
Type "copyright", "credits" or "license()" for more information.
>>> 2+3
5
>>>
```

계산 결과가 다음 행에 표시되었습니다.

곱셈과 나눗셈은 수학에서 배운 것과 다른 기호를 사용합니다.

	수학에서의 기호	파이썬에서의 기호
덧셈	+	+
뺄셈	−	−
곱셈	×	*(별표)
나눗셈	÷	/(슬래시)

여러 가지 계산을 시험해 봅시다.

```
>>> 2 + 3
5
>>> 7 - 4
3
>>> 7 * 4
28
>>> 7 / 4
1.75
>>> |
```

딱 나눠 떨어지지 않을 때는 결과가 소수점이 붙는 것에 주의해주세요. 또한, 괄호를 사용해서 계산 우선 순위를 지정할 수도 있습니다.

```
>>> (2 + 3) * 4
20
```

사칙연산 외에도 편리한 연산자(계산용 기호)가 있습니다.

나머지를 구한다(나머지)	%
몫을 정수로 구한다	//
지수를 구한다	**

```
>>> 7 % 4
3
>>> 11 % 3
2
>>> 7 // 4
1
>>> 11 // 3
3
>>> 3 ** 2
9
>>> 3 ** 3
27
>>> 3 ** 4
81
```

7÷4 = 1…3	(7 나누기 4는 1, 나머지 3)
11÷3 = 3…2	(11 나누기 3은 3, 나머지 2)
3×3 = 9	(3의 2승은 9)
3×3×3 = 27	(3의 3승은 27)
3×3×3×3 = 81	(3의 4승은 81)

파이썬에는 몫과 나머지를 **한번**에 구하는 divmod() 명령도 있습니다.

```
>>> divmod(11, 4)
(2, 3)
```

$$11 \div 4 = 2 \cdots 3$$

이러한 계산은 파이썬뿐만 아니라 다른 프로그래밍 언어를 배우는 데도 필요한 기초 중의 기초입니다. 꼭 제대로 익히세요.

연습 ···파이썬 계산기로 여러 가지 계산을 해보세요. 예상대로 결과가 출력되나요?

2 × 변수

계산기로서 사용하는 거라면 계산기 앱을 사용하는 것이 편리합니다. 당연하지만 프로그래밍 언어를 사용하면 계산기 외에도 여러 가지를 할 수 있습니다. 그 첫 걸음으로 변수를 사용해 봅시다.

변수는 상자같은 것입니다. 안에 원하는 것을 넣을 수 있습니다. 우선은 숫자를 넣어 봅시다.

```
>>> a = 3
>>> b = 5
>>> a + b
8
>>> a * b
15
>>> a / b
0.6
```

이 예에서는 변수 a에 3, 변수 b에 5를 대입합니다. 「=」은 대입하는 명령으로, 우변의 값을 좌변에 대입합니다.

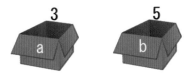

상자 a에 3, 상자 b에 5가 대입되어 있습니다. 변수는 그 실체 대신 이용할 수 있습니다. 따라서 「a+b」를 실행하면 8, 「a*b」를 실행하면 15를 얻을 수 있습니다.

📦 변수명에 대해서

변수명으로 사용할 수 있는 문자는 대소 영문자, 숫자, 언더스코어 (_)입니다. 단, 숫자는 맨 앞에 올 수 없습니다. 예를 들면, 「a1」은 변수명으로 사용할 수 있지만 「1a」는 변수명으로 사용할 수 없습니다. 또한, 대문자와 소문자는 다른 것으로 구별되는 것에도 주의하세요. 「a1」과 「A1」은 다른 변수로 간주됩니다. 파이썬에서 예약되어 있는 아래의 키워드도 변수명으로 사용할 수 없습니다.

and, del, from, not, while, as, elif, global, or, with, assert, else, if, pass, yield, break, except, import, print, class, exec, in, raise, continue, finally, is, return, def, for, lambda, try, True, False, None(역자 주 : 외우지 않아도 됩니다)

연습 ··· 여러 가지 변수에 수치를 대입하고 계산해 봅시다. 일부러 틀린 변수명을 지정해서 어떤 오류가 나오는지 확인해 봅시다.

3 × 대입의 간이 기법

프로그래밍에서는 변숫값을 자주 갱신합니다. 예를 들어, a값을 1 증가하고, b값을 3 감소하는 것과 같은 식입니다. 이러한 처리는 다음과 같이 기술합니다.

```
>>> a = 4
>>> a = a + 1
>>> a
5
>>> b = 7
>>> b = b - 3
>>> b
4
```

「a = a + 1」이라는 서식은 수학의 방정식에서는 성립하지 않기 때문에 다소 이상하게 느낄지도 모르겠습니다. 프로그래밍에서는 먼저 우변을 계산하고 「=」로 좌변의 변수에 대입한다고 해석합니다.

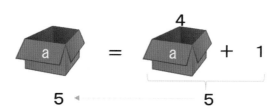

위와 같이 매번 기술해도 좋지만 변수값에 사칙연산을 하고 다시 자신에게 대입하는 처리는 빈번하게 일어나기 때문에 더욱 간단한 기술방법이 준비돼 있습니다.

```
>>> a = 4
>>> a += 1
>>> a
5
>>> b = 7
>>> b -= 3
>>> b
4
>>> a *= b
>>> a
20
>>> a /= 10
>>> a
2.0
```

+=	자기 자신에게 우변값을 더하고, 그 결과를 자기 자신에 대입한다
-=	자기 자신에서 우변값을 빼고, 그 결과를 자기 자신에 대입한다
*=	자기 자신에게 우변값을 곱하고, 그 결과를 자기 자신에 대입한다
/=	자기 자신을 우변값으로 나누고, 그 결과를 자기 자신에 대입한다

연습 ··· 이러한 간이 기법을 사용해 계산해 봅시다.

4 × 함수

함수란 여러 개의 처리를 기능별로 모아 놓은 것입니다. 어렵나요? 구체적인 예를 통해 설명해보겠습니다. 만약 재료를 입력하면 자동으로 요리를 하고 가공식품을 출력하는 기계가 있다고 합시다. 당신은 무엇을 넣을지 알고 있기만 하면 됩니다. 안에서 무엇이 일어나는지를 알 필요는 없습니다. 아마도 복잡한 처리를 하고 있을 것입니다.

함수는 바로 이 기계와 같은 기능을 합니다. 물론, 실제로 입력하는 것은 재료가 아니라 어떠한 데이터입니다. 함수에 전달하는 데이터를 「인수」, 함수로부터 돌아오는 값을 「반환값」이라고 합니다. 함수는 직접 만들 수도 있지만, 파이썬에 미리 준비된 함수도 많이 있습니다.

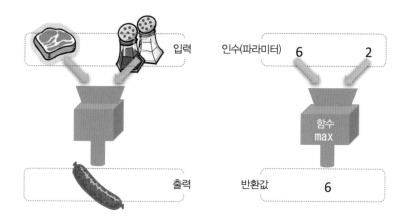

예를 들어 게임 프로그래밍을 하면 「2개의 수치 중 큰 쪽(혹은 작은 쪽)의 값을 구하는」 처리가 필요할 때가 자주 있습니다. 그때마다 자신이 코드를 기술하는 것은 효율적이지 않습니다. 파이썬에는 그런 용도를 위해서 max()와 min()이라는 함수가 준비돼 있습니다.

```
>>> max(2, 6)
6
>>> max(-4, -8)
-4
>>> max(2.4, 3.14)
3.14
```

> max(a, b)　　a와 b 중 큰 쪽 값을 반환한다
> min(a, b)　　a와 b 중 작은 쪽 값을 반환한다

max()를 사용하면 큰 쪽의 값을 구할 수 있습니다. 함수는 함수명 뒤에 ()를 붙여 실행합니다. 어떠한 값을 함수에 입력하려면 괄호 안에 값이나 변수를 적습니다.

파이썬에는 많은 함수가 준비돼 있습니다. 다만, **한 번**에 전부 외우지 않아도 됩니다. 필요에 따라 조금씩 기억해가면 됩니다.

참고로, max(), min() 명령은 특정 요소에 관련돼 있지 않습니다. 원하는 때에 호출할 수 있습니다. 이 책에서는 이런 명령을 함수라고 부릅니다. 한편, 특정 요소(=객체라고 부릅니다)에 관련된 함수를 메서드라 합니다. 메서드는 특정 요소가 없으면 호출할 수 없습니다. 함수와 메서드의 관계에 대해서는 나중에 자세히 설명합니다. 지금은 「함수에도 두 종류가 있는 것 같다」는 점만을 기억해 두세요.

여기까지 파이썬을 계산기 대신 사용해 왔습니다. 물론, 할 수 있는 것은 이 뿐만이 아닙니다. 수치 외에도 여러 가지 데이터를 다룰 수 있습니다. 파이썬에서 다룰 수 있는 가장 기본적인 데이터의 종류를 다음에 나열합니다.

정수	소수점이 없는 수치 (예: 3, 5, -3, 0, -1928,…)
부동소수점	소수가 있는 수치 (예: 1.36, -2, 579, 3.3333…)
문자열	문자의 나열 (예: hello, 안녕하세요,…)
부울값	True(참), False(거짓) 중 하나를 취하는 값

이러한 데이터의 종류를 「데이터형」이라고 합니다.

▒ 수치

일상 생활에서는 소수점 유무를 의식할 일은 적겠지만, 파이썬은 이것들을 엄밀히 구별합니다. 이것은 type() 함수를 사용하면 잘 알 수 있습니다. type()은 데이터의 형을 알려주는 함수입니다. 인수에 수치나 변수를 주면 그 데이터형을 반환 값으로 돌려줍니다.

```
>>> type(6)
<class 'int'>
>>> type(7.8)
<class 'float'>
>>> type(-4)
<class 'int'>
>>> type(-5.723)
<class 'float'>
```

int는 integer(정수), float은 소수를 나타내기 위한 부동소수점입니다. 출력 결과로도 구별되고 있음을 알 수 있습니다. 6, −4와 같은 정수값을 지정하면 그 데이터는 정수형, 7.8, −5.723과 같은 소수점이 붙은 값을 지정하면 그 데이터는 부동소수점형이 됩니다. 소수점이 붙지 않는 수치를 명시적으로 부동소수점으로 할 때는 3.0, −2.0, 7.0과 같이 「.0」을 붙입니다.

기본적으로 같은 데이터형끼리 계산하면 그 결과도 같은 데이터형이 됩니다. 예를 들어, 1 + 2 = 3이 되지만, 1과 2가 정수형이므로 3도 정수형이 됩니다. 단, 나눗셈 결과는 부동소수점형입니다.

```
>>> a = 7
>>> b = 3
>>> c = a + b
>>> type(c)
<class 'int'>
>>> c = a / b
>>> c
2.3333333333333335
>>> type(c)
<class 'float'>
```

정수와 부동소수점의 계산 결과는 부동소수점입니다.

```
>>> a = 7.3
>>> b = 4
>>> c = a + b
>>> c
11.3
>>> type(c)
<class 'float'>
```

연습 ··· type()을 사용해서 여러 가지 수치 형을 알아봅시다. 또 계산결과도 type()으로 알아봅시다.

▣ 문자열

문자열은 이름 그대로 「문자의 열」입니다. 문자열을 작성할 때는 대상이 되는 문자의 열을 「" "」 또는 「' '」로 감쌉니다.

```
>>> a = "hello"
>>> b = 'world'
>>> a
'hello'
>>> b
'world'
```

왜 「" "」와 「' '」 두 종류가 준비돼 있을까요? 이것은 다음과 같은 문자열을 작성할 때를 생각하면 알 수 있습니다.

He says "Hi, hello! " to me

I'm hungry

만약 위의 문장을 「" "」로 감쌌다면 다음과 같이 문자열의 범위가 의도한 것과 달라집니다.

```
"he says "Hi, hello!" to me"
```

문자열의 맨 앞부터 Hi 전까지가 하나의 문자열로 해석되고, Hi부터는 그것에 계속되는 명령으로 간주되고 맙니다. Hi, ···라는 것은 명령은 아니므로 오류가 발생합니다. 마찬가지로 「I'm hungry」라는 문장을 「 」로 감싸도 같은 상황이 됩니다.

실제로 확인해 봅시다.

```
>>> a = 'he says "Hi, hello!" to me'
>>> a
'he says "Hi, hello!" to me'
>>> a = "He says "Hi, hello!" to me"
SyntaxError: invalid syntax
>>> b = "I'm hungry"
>>> b
"I'm hungry"
>>> b = 'I'm hungry'
SyntaxError: invalid syntax
```

SyntaxError란 문법 오류로 명령이 올바른 문법을 따르지 않고 있음을 의미합니다. 즉, 대상이 되는 문자 속에 「"」나 「'」가 있을 때도 간단하게 문자열을 만들 수 있도록 두 종류의 기법이 준비돼 있습니다.

🔲 부울값

프로그램은 어떤 조건이 성립했는지 아닌지 처리를 바꾸면서 실행합니다.

> 조건: 사용자가 윗 방향 키를 눌렀다?
> ➡ 캐릭터를 한 프레임 진행한다.
> 조건: 화면 위가 클릭되었다?
> ➡ 그 위치에 있는 타일을 뒤집는다.
> 조건: 적과 충돌했다?
> ➡ 게임오버로 한다.

「~눌렀다?, 되었다?, 했다?」의 이전 부분이 조건에 해당합니다. 특히 게임은 상황에 따라 다른 처리를 해야 하기 때문에 조건을 많이 이용합니다. 조건이 성립했는지 여부를 나타내는 것이 부울값입니다. 얻는 값은 True(성립)나 False(성립하지 않음) 둘 중 하나입니다.

지금까지 정수, 소수, 문자열, 부울이라는 데이터형이 있는 것을 봤습니다. 어떤 데이터형을 다른 데이터 형으로 변환하는 것을 「형변환」이라고 합니다.

정수로 변환

부동소수점형의 값 및 부울값, 문자열을 정수로 변환하려면 int() 함수를 사용합니다.

```
>>> int(2.6)
2
>>> int("-5")
-5
>>> int(True)
1
>>> int(False)
0
>>> int("hello")
Traceback (most recent call last):
  File "<pyshell#131>", line 1, in <module>
    int("hello")
ValueError: invalid literal for int() with base 10: 'hello'
```

소수는 소수점 이하가 버려집니다. 위의 예에서도 2.6은 2가 된 것을 알 수 있습니다. 문자열은 그 수치의 값이 됩니다. 정수 이외의 문자열이 지정된 경우는 오류가 발생합니다. 위의 예에서는 「-5」라는 문자열은 -5로 변환되었지만, 「hello」라는 문자열은 변환할 수 없어 오류가 발생하였습니다. 또, True는 1, False는 0으로 변환됩니다.

부동소수점의 변환

정수나 부울값, 문자열을 부동소수점으로 변환하려면 float() 함수를 사용합니다.

```
>>> float(3)
3.0
>>> float("-2.58")
-2.58
>>> float(True)
1.0
>>> float(False)
0.0
>>> float("hello")
Traceback (most recent call last):
  File "<pyshell#136>", line 1, in <module>
    float("hello")
ValueError: could not convert string to float: 'hello'
```

정수는 그대로 소수점 수로 변환됩니다. 소수점을 나타내는 문자열은 그 값으로 변환됩니다. 부동소수점으로 변환할 수 없는 문자열의 경우는 오류가 발생합니다. 또, True는 1.0, False는 0.0으로 변환됩니다.

■문자열로 변환

수치나 부울값을 문자열로 변환하려면 str() 함수를 사용합니다.

```
>>> str(7)
'7'
>>> str(0)
'0'
>>> str(-1.57)
'-1.57'
>>> str(0.0)
'0.0'
>>> str(True)
'True'
>>> str(False)
'False'
```

모든 변환 결과가 「 」로 감싸여 있고, 문자열로 변환된 것을 알 수 있습니다.

■부울값으로 변환

수치나 문자열을 부울값으로 변환하려면 bool() 함수를 사용합니다.

```
>>> bool(3)
True
>>> bool(0)
False.
>>> bool(-1.4)
True
>>> bool(0.0)
False
>>> bool('')
False
>>> bool('hello')
True
```

0이나 0.0, 빈 문자열은 False가 되지만 그 외의 값은 전부 True가 됩니다.

연습 ··· 여러 가지 데이터를 작성하고 그것들의 형을 변환시켜 봅시다.

리스트, 튜플, 사전은 파이썬을 사용하는데 있어서 핵심이 되는 데이터 구조입니다.[3] 앞에서 배운 문자열이나 정수 등은 전부 기본이 되는 데이터형입니다. 이들을 조합함으로써 복잡한 데이터를 표현할 수 있습니다. 만일 정수와 문자열과 같은 데이터형을 원자에 비유하면 리스트, 튜플은 분사와 같은 것으로 생각하면 좋을지도 모르겠습니다.

❶ 리스트

0개 이상의 요소를 갖는 시퀀스(나열)입니다. 요소를 추가 삭제하거나 요소를 다시 쓸 수 있습니다. 요소를 []로 감싸 만듭니다.

❷ 튜플

0개 이상의 요소를 갖는 시퀀스(나열)입니다. 리스트와 달리 일단 작성하면 변경할 수 없습니다. 요소를 ()로 감싸 작성합니다.

❸ 사전

예를 들어 영한사전에서 「apple」이라는 단어를 조사했다고 합시다. 「사과」라고 쓰여져 있을 것입니다. 파이썬의 사전도 같은 기능을 제공합니다. 조사하는 단어를 「키」, 그 값을 값(밸류)이라고 합니다. { }로 키와 값을 지정해서 만듭니다.

리스트와 튜플은 일반적인 프로그래밍 언어에서의 「배열」이라 불리는 데이터 구조를 제공하는 것으로, 양쪽은 매우 비슷합니다. 이 책에 나오는 「배열」이라는 용어는 리스트 또는 튜플이라고 생각해 주세요.

리스트와 튜플이 결정적으로 다른 것은 리스트는 도중에 값을 변경할 수 있지만 튜플은 변경할 수 없다는 것입니다. 변경할 수 있는 것을 뮤터블(mutable), 변경할 수 없는 것을 이뮤터블(immutable)이라고 합니다. 자주 나오는 키워드이므로 기억해두세요.

지금까지의 예에서는 변수에 하나의 값만 저장했습니다. 리스트와 튜플에서는 여러 개의 값을 나열해서 하나의 변수에 저장할 수 있습니다. 간단한 예를 들어봅니다.

예를 들어 수학(math), 영어(English), 화학(chemistry), 과학(science) 네 과목을 시험보고, 그 평균점을 산출하는 상황을 생각해 보겠습니다.

---

3 집합이라는 데이터 구조도 있지만 이번 게임에서는 이용하지 않아 설명을 생략했습니다. 관심이 있는 분은 살펴보세요.

각 테스트 결과를 개별의 변수로 취급하면 코드는 다음과 같습니다.

```
>>> math = 78
>>> english = 95
>>> chemistry = 68
>>> science = 62
>>> total = math + english + chemistry + science
>>> average = total / 4
>>> average
75.75
```

교과가 과목 4개 정도라면 문제는 없지만 과목 15개나 과목 20개로 증가하면 수습하기 힘들어집니다. 그래서 비슷한 데이터를 합하고 순서를 매겨서 관리할 수 있게「튜플」을 이용합니다. 튜플을 사용해 위의 예를 다시 쓰면 다음과 같습니다.

```
>>> subject = (78, 95, 68, 62)
>>> total = subject[0] + subject[1] + subject[2] + subject[3]
>>> average = total / 4
>>> average
75.75
```

과목별 점수를 나열해 튜플을 만들고 그것을 subject 변수에 대입합니다. 각각의 값으로 접근하는 경우는 변수 뒤에「[번호]」를 붙입니다. 이 번호는 0부터 시작하는 것에 주의해주세요. 다음 그림과 같습니다.

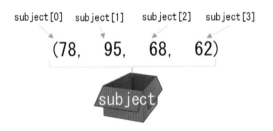

튜플이나 리스트의 진짜 위력은 for 문, while 문 등의 반복 처리와 조합했을 때에 발휘되는데, 현 단계에서는「튜플과 리스트를 사용하면 보기에 깔끔하겠다...」정도로 알아두면 충분합니다.

이번 예에서는 콤마로 구분한 요소를 ()로 둘러싸서 튜플을 작성했습니다. 이 부분을 []로 옮겨서도 같은 결과를 얻을 수 있습니다.

```
>>> subject = [78, 95, 68, 62]
>>> total = subject[0] + subject[1] + subject[2] + subject[3]
>>> average = total / 4
>>> average
75.75
```

위 내용에서 ()로 작성한 것이 튜플, []로 작성한 것이 리스트입니다. 둘 다 모두 똑같이 이용할 수 있습니다. 튜플은 도중에 값을 바꿀 수 없지만, 리스트는 바꿀 수 있습니다.

실행 중에 요소를 추가하거나(뒤에서 음악 점수도 배열에 추가), 요소의 값을 수정하거나(수학을 78점에서 82점으로 수정) 할 수 있는 것은 리스트뿐입니다. 튜플은 생성 후에 값을 변경할 수 없습니다.

예를 들어 수학 점수가 틀렸다고 합시다.

subject = [78, 95, 68, 62] 라고 정의하면, subject[0] = 82와 같이 하면 수학 점수를 78점에서 82점으로 수정할 수 있습니다.

```
>>> subject = [78, 95, 68, 62]
>>> subject[0] = 82
>>> subject
[82, 95, 68, 62]
```

그렇지만, subject = (78, 95, 68, 62) 로 선언한 경우는 subject[0] = 82 라고 변경할 수 없습니다. 오류가 발생합니다.

```
>>> subject = (78, 95, 68, 62)
>>> subject[0] = 82
Traceback (most recent call last):
  File "<pyshell#197>", line 1, in <module>
    subject[0] = 82
TypeError: 'tuple' object does not support item assignment
```

리스트는 튜플의 기능을 가지고 있고, 값을 변경할 수 있습니다. 분명히 리스트가 유연성이 높습니다. 「리스트가 있다면 튜플은 필요 없는 것 아닌가?」라는 생각이 들 수도 있습니다.

편리한 것에는 대가가 따르는 게 세상의 이치입니다. 튜플은 할 수 있는 것이 한정된 만큼, 소비하는 메모리도 적습니다. 실수로 값을 다시 변경하는 염려도 없습니다. 중요한 것은 각각의 특징을 이해한 후, 상황에 맞게 구별해서 사용할 수 있어야 하는 것입니다.

그럼 각각의 데이터 구조에 대해서 보다 자세하게 살펴봅시다.

🔲 리스트

리스트는 0개 이상의 요소를 콤마로 구분, 전체를 []로 감싸 작성합니다. 포함되는 요소는 수치, 문자열, 무엇이든 상관없습니다.

```
>>> weekdays = ["Monday", "Tuesday", "Wednesday", "Thursday", "Friday"]
>>> scores = [98, 68, 72, 59, 89, 48, 39, 85]
>>> animals = ["horse", "rabbit", "lion", "elephant", "mouse"]
```

값을 참조하려면 변수명 뒤에 [번호]를 붙입니다. 값을 변경할 수도 있습니다.

```
>>> scores[1]
68
>>> scores[1] = 77
>>> scores
[98, 77, 72, 59, 89, 48, 39, 85]
...
```

append 메서드를 사용하면 리스트 맨 끝에 요소를 추가할 수 있습니다(메서드에 대해서는 뒤에서 설명합니다).

```
>>> weekdays.append("Saturday")
>>> weekdays
['Monday', 'Tuesday', 'Wednesday', 'Thursday', 'Friday', 'Saturday']
```

insert 메서드를 사용하면 지정한 위치에 요소를 추가할 수 있습니다.

```
>>> animals.insert(3, "Rhino")
>>> animals
['horse', 'rabbit', 'lion', 'Rhino', 'elephant', 'mouse']
```

리스트 animals의 세 번째(번호는 0부터 시작하므로 실제로는 네 번째)에 새로운 요소 「Rhino」가 삽입돼 있는 것을 알 수 있습니다.

del 명령을 사용하면 리스트의 특정 요소를 삭제할 수 있습니다.

```
>>> del animals[2]
>>> animals
['horse', 'rabbit', 'Rhino', 'elephant', 'mouse']
```

리스트 animals의 두 번째(0부터 시작하므로 실제로는 세 번째) 요소는 「lion」이었습니다. 그 「lion」이 삭제되고, 리스트 길이가 하나 줄어든 것을 알 수 있습니다.

여기에서 append, insert, del 사이에 큰 차이가 있다는 것을 깨달았나요? 자세한 것은 클래스 장에서 설명하므로 여기에서는 간단하게 접하는 정도로 해둡니다.

append, insert 모두 삽입하는 대상인 리스트 변수 뒤에 처리 내용을 기술했습니다. 「weekdays.append(···)」, 「animals.insert(···)」처럼 기술하면 어떤 리스트에 대해서 조작을 할지가 명확해집니다. 이렇게 조작 대상과 관련돼 있는 함수를 메서드라고 합니다.

한편, del은 파이썬이 원래부터 준비하고 있는 명령입니다. 삭제할 대상을 인수로 건넵니다.

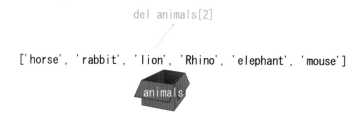

일관성을 요구한다면 「animals.del(2)」처럼 기술하고 싶을지도 모르지만 그렇게는 안 됩니다. del로 삭제하는 대상은 리스트만이 아니기 때문입니다. 현 단계에서는 명확하게 이해할 수 없어도 걱정하지 마세요. 다만, 추가의 append와 삭제의 del은 명령의 사용법이 다르다는 점만을 알아 두세요.

참고로, del 문 대신에 pop 메서드를 사용해도 요소를 삭제할 수 있습니다. 인수에는 요소의 번호를 지정합니다. 예를 들어, animals의 두 번째 요소를 삭제하려면 「animals.pop(2)」처럼 기술합니다. pop은 대상이 되는 리스트를 명시하므로 append, insert와 같은 메서드입니다.

🔳 튜플

튜플을 작성할 때는 요소를 콤마 구분으로 기술하고, 전체를 ()로 감쌉니다(실제로는 0로 감싸지 않아도 콤마로 구분돼 있으면 튜플이 되지만 튜플임을 명시하기 위해 이 책에서는 ()로 감싸도록 합니다). 값을 참조할 때는 변수명 뒤에 「[번호]」를 붙입니다. 튜플은 값을 변경할 수 없는 리스트라고 생각하세요. 따라서 insert, append, del 조작을 할 수 없습니다.

```
>>> weekdays = ("Monday", "Tuesday", "Wednesday")
>>> weekdays[2]
'Wednesday'
>>> weekdays.append("Thursday")
Traceback (most recent call last):
  File "<pyshell#238>", line 1, in <module>
    weekdays.append("Thursday")
AttributeError: 'tuple' object has no attribute 'append'
```

게임에서는 위치정보(X 좌표값, Y 좌표값)를 자주 다룹니다. 좌표는 X와 Y가 짝이 돼서야 의미를 이루는 것이므로 X와 Y를 개별 변수에 저장하기보다는 함께 관리하는 게 편리합니다. 이때는 튜플이 적합합니다.

```
>>> pos = (56, 74)
>>> pos
(56, 74)
>>> pos[0]
56
>>> pos[1]
74
```

이처럼 여러 개의 값을 합해 하나의 변수로 관리할 수 있습니다. 반대로 하나의 튜플을 여러 개의 변수에 대입할 수도 있습니다. 이러한 처리를 「언팩」이라고 부릅니다.

```
>>> pos = (56, 74)
>>> pos_x, pos_y = pos
>>> pos_x
56
>>> pos_y
74
```

이를 응용하면 하나의 명령으로 변수의 값을 바꿀 수 있습니다.

```
>>> x = 3
>>> y = 6
>>> (x, y) = (y, x)
>>> x
6
>>> y
3
```

「튜플은 값을 바꿀 수 없다(이뮤터블)고 했는데, 위의 예에서는 "값이 바뀌었는데!"」라는 생각할지도 모릅니다. 이 예에서는 x와 y를 교체해 새로운 튜플을 만들고 그것을 언팩해서 변수 x와 y에 대입하고 있을 뿐입니다. 튜플 값을 변화시키고 있는 것은 아님에 주의하세요.

🗂 사전

문자 그대로 사전과 같은 기능을 제공하는 데이터 구조입니다. 「해시 테이블」, 「키·값 짝」이라고 불리기도 합니다. 과목별 점수를 관리하는 사전을 만들어 봅시다.

```
>>> score = {
        "math" : 78,
        "english" : 95,
        "chemistry" : 68,
        "science" : 62,
}
>>> score
{'chemistry': 68, 'math': 78, 'english': 95, 'science': 62}
>>> score["english"]
95
>>> score["math"] = 82
>>> score
{'chemistry': 68, 'math': 82, 'english': 95, 'science': 62}
```

키 값을 " "로 감싸고, 그 값을 「:」 뒤에 기술합니다. 키와 값은 임의의 데이터형이지만 간단한 사전에서는 대부분 키에 문자열이 사용됩니다. 여러 개의 키가 있으면 콤마로 구분합니다. 값(밸류)을 참조한다면 리스트, 튜플과 마찬가지로 변수의 뒤에 []를 붙입니다. 다만, 사전에 저장된 데이터에는 순서는 없으므로 [] 안에는 번호가 아닌 키를 지정합니다.

지금까지의 내용을 정리해서 다음 표에 나타냅니다.

	리스트	튜플	사전
작성 방법	[ ] 대괄호	( ) 소괄호	{ } 중괄호
데이터 구조	시퀀스(나열)	시퀀스(나열)	사전
접근 방법	변수[번호]	변수[번호]	변수[키]
특징	뮤터블	이뮤터블	번호는 없음

🗂 리스트의 리스트

지금까지의 예에서는 수치나 문자열을 데이터로 저장했는데 데이터로 저장할 수 있는 것은 문자열과 수치만이 아닙니다. 리스트나 튜플 자신을 요소로써 저장할 수도 있습니다. 즉, 리스트의 리스트, 튜플의 리스트…와 같은 방식입니다.

감이 바로 오지 않을 것 같아 예를 살펴봅니다.

```
>>> animals = ("Horse", "Lion", "Elephant")
>>> scores = (35, 87, 63)
>>> data = (animals, scores)
>>> data
(('Horse', 'Lion', 'Elephant'), (35, 87, 63))
```

animals와 scores는 튜플입니다. 이러한 두 개의 변수를 요소로 하는 새로운 튜플 data를 만들고 있습니다. 그림으로 나타내면 다음과 같습니다.

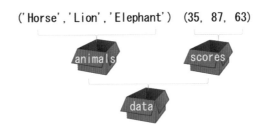

튜플이나 리스트에서는 [번호]를 지정해서 각각의 요소로 접근할 수 있습니다. 예를 들어 data[0]은 animals, animals[1]은 'Lion'입니다. 여기에서 animals[1]의 animals를 data[0]으로 교체하면 data[0][1]이 되는데, 이 작성 방법으로도 'Lion'에 접근할 수 있습니다.

전체 상태를 다음 그림으로 나타냅니다.

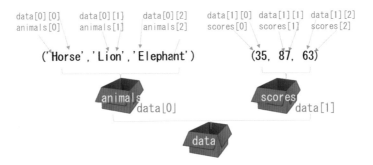

```
>>> data[0]
('Horse', 'Lion', 'Elephant')
>>> data[0][1]
'Lion'
>>> data[1]
(35, 87, 63)
>>> data[1][2]
63
```

이번 예에서는 일단 animals, scores라는 변수를 사용했지만 다음과 같이 튜플의 튜플(또는 리스트의 리스트)을 직접 기술해도 상관없습니다.

```
>>> data = ( ('Horse', 'Lion', 'Elephant'), (35, 87, 63) )
>>> data
(('Horse', 'Lion', 'Elephant'), (35, 87, 63))
```

튜플의 튜플이라는 의미를 알겠나요? 이러한 사용법은 게임에서도 빈번하게 이용됩니다. 제대로 파악하기 위해서 다른 예도 살펴봅시다.

교대로 표시해서 3개 나열한 쪽이 이기는 틱택토(Tic Tac Toe) 게임을 해본 분도 많을 것입니다. 빈곳을 0, 원을 1, 엑스(X)를 2라는 값으로 표현하도록 합니다.

이러한 표 형식의 데이터야말로 「리스트의 리스트」입니다. 먼저 행마다 리스트를 작성합니다. 그런 행을 또 리스트로 합합니다. 그림으로 하면 다음과 같습니다.

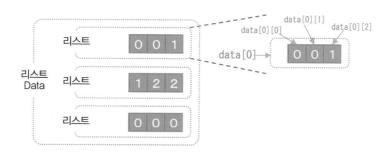

코드는 다음과 같습니다.

```
>>> data = [ [0, 0, 1], [1, 2, 2], [0, 0, 0] ]
>>> data
[[0, 0, 1], [1, 2, 2], [0, 0, 0]]
```

데이터에 접근할 때는 data[행번호][열번호]와 같이 지정합니다. 모든 번호가 0부터 시작하는 것에 주의하세요. 예를 들어, 왼쪽 아래(2행 0열)에 원을 그렸을 때의 코드는 다음과 같습니다.

```
>>> data[2][0] = 1
>>> data
[[0, 0, 1], [1, 2, 2], [1, 0, 0]]
```

이 게임은 값을 갱신해야 하기 때문에 튜플이 아닌 리스트를 사용합니다. 값을 갱신하지 않을 경우는 튜플의 튜플이 적당할 것입니다. 보드게임은 물론 2D 게임의 지도 데이터를 관리할 때도 이런 데이터 구조가 적합할지도 모릅니다.

다른 언어에서는 이러한 데이터 구조를 실현하기 위해서 다차원 배열이라는 전용 구조가 준비돼 있는 것도 많습니다. 파이썬에서는 리스트의 리스트를 사용해서 다차원 배열과 같은 데이터 구조를 표현합니다. 리스트의 리스트가 2차원 배열, 리스트의 리스트의 리스트가 3차원 배열이라는 방식입니다.

이번 예에서는 각 행을 리스트로 하고, 그러한 여러 개의 행을 다른 리스트로 관리했지만 가로 세로를 반대로 할 수도 있습니다. 즉, 먼저 각 열을 리스트로 하고, 그런 여러 개의 열을 다른 리스트로 관리하는 방법입니다. 정답이 정해져 있는 것은 아닙니다. 상황에 맞게 사용해주세요.

> **연습** ··· 리스트의 리스트라는 데이터 구조를 만들고, 특정 요소의 값을 참조, 변경하는 연습을 하세요. 또, 틱택토 게임의 데이터 구조를 만들어 빈 칸에 원, 엑스를 삽입하는 코드를 실행하세요.

8 × 리스트나 튜플을 다루는데 편리한 함수

리스트나 튜플을 더욱 편리하게 사용하기 위한 함수를 몇 가지 소개합니다.

⬛ len

리스트나 튜플에 포함되는 요소 수를 반환합니다.

```
>>> len([1,2,3,4,5])
5
>>> len(("small","medium","large"))
3
```

이 함수는 인수로 주어진 리스트나 튜플에 포함되는 요소 수를 반환합니다. 2차원 배열은 리스트의 리스트가 되지만, 인수에 2차원 배열을 주면 가장 바깥쪽 리스트의 항목 수를 반환하는 것에 주의하세요. 안쪽 리스트의 개수를 구할 때는 len() 인수에 안쪽의 리스트를 전달해야 합니다.

```
>>> data = [ [1, 2], [3, 4, 5], [6, 7, 8, 9] ]
>>> len(data)
3
>>> len(data[2])
4
```

⬛ copy

어떤 변수에 리스트와 튜플을 저장했다고 합시다. 그 변수를 다른 변수에 대입해도 그 리스트 자체가 복사되는 것은 아닙니다. "무슨 말이지?"라고 당황스러운 분도 있을 것 같으니 예를 사용해 설명해보겠습니다.

```
>>> a = [1, 2, 3]
>>> b = a
>>> a[2] = 9
>>> a
[1, 2, 9]
>>> b
[1, 2, 9]
```

먼저 변수 a에 리스트 [1, 2, 3]을 대입하고 그 a를 b에 대입합니다. 다음으로 a의 마지막 요소를 9로 변경합니다. a의 내용을 확인하면 [1, 2, 9]라고 의도대로 수정되었음을 확인할 수 있습니다. 이때 b의 내용도 살펴보면 b도 [1, 2, 9]로 바뀌어 있습니다. 같이 바뀌고 있죠?

실은 a에 리스트를 대입했을 때, 변수 a에 리스트의 본체가 저장된 건 아닙니다. 리스트는 어딘가 다른 곳에 존재하고 있고, 변수 a는 그 곳을 가리키고 있을 뿐입니다. 이와 같은 상태를 「참조」라고 합니다.

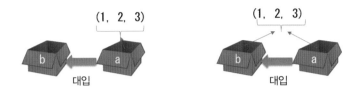

즉, a 값을 b에 대입하면 a, b 모두 같은 리스트를 참조하게 됩니다. 이 상태로 a[2] = 9처럼 리스트 값을 변경했으므로 b 값도 변화한 것처럼 보였던 것입니다.

의도적으로 리스트를 복제할 때는 copy() 메서드를 사용합니다.

```
>>> a = [1, 2, 3]
>>> b = a.copy()
>>> a[2] = 9
>>> a
[1, 2, 9]
>>> b
[1, 2, 3]
```

a는 리스트를 참조하고 있습니다. 두 번째에서 변수 a의 copy() 메서드를 호출하고 있습니다. copy() 메서드는 자신과 같은 복제를 만들어 반환합니다. 변수 b에 대입돼 있는 것은 복제된 리스트입니다. 즉, 변수 a와 b는 각각 다른 리스트를 참조하게 됩니다.

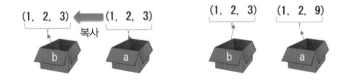

따라서 a[2] = 9와 마지막 요소의 내용을 갱신해도 그것은 변수 b가 참조하는 리스트에는 반영되지 않습니다. 리스트를 복제하고 싶을 때는 단순한 대입이 아니라 copy()를 사용하세요.

튜플은 값을 변경할 수 없으므로 이걸 따를 필요는 없습니다. 참고로 튜플에는 copy()라는 메서드는 준비돼 있지 않습니다. 뒤에서 요소를 변경할 수 없기 때문에 복사해도 의미가 없기 때문입니다.

in

어떠한 값이 리스트나 튜플에 포함되었는지 확인할 때는 in 연산자가 편리합니다.

```
>>> greets= ("morning", "afternoon", "evening")
>>> "noon" in greets
False
>>> "afternoon" in greets
True
>>>
>>> scores = [92, 45, 87, 36, 72]
>>> 36 in scores
True
>>> 67 in scores
False
```

알고 싶은 값 in 리스트 또는 튜플

이와 같이 호출합니다. 값이 포함돼 있으면 True, 포함돼 있지 않으면 False가 반환됩니다.

단순하게 포함돼 있는지 아닌지가 아닌, 몇 번째에 저장돼 있는지 확인하고 싶을 때는 index() 메서드를 사용합니다.

```
>>> greets
('morning', 'afternoon', 'evening')
>>> greets.index("afternoon")
1
>>> scores
[92, 45, 87, 36, 72]
>>> scores.index(36)
3
>>> scores.index(99)
Traceback (most recent call last):
  File "<pyshell#368>", line 1, in <module>
    scores.index(99)
ValueError: 99 is not in list
```

대상 요소를 찾은 경우, 그 번호가 반환 값으로써 반환돼 있는 것을 알 수 있습니다. 요소를 찾을 수 없었던 경우는 오류가 반환됩니다.

연습 ··· 스스로 적당한 리스트를 작성하고 in 연산자를 사용해서 특정 요소가 포함돼 있는지를 확인하세요.

sort

파이썬에서는 리스트를 정렬하기 위한 두 가지 방법이 준비돼 있습니다. sorted 함수와 sort 메서드입니다. 수치의 경우는 오름차순, 문자의 경우 알파벳 순으로 정렬됩니다.

❶ sorted 함수

인수로 주어진 리스트나 튜플을 정렬해 그 복사본을 반환합니다. 본래 리스트의 정렬 순서는 바뀌지 않습니다.

❷ sort 메서드

본래 리스트를 그 자리에서 정렬합니다. 반환 값은 없습니다.

```
>>> fruits = ["banana", "apple", "peach", "orange"]
>>> sorted(fruits)
['apple', 'banana', 'orange', 'peach']
>>> fruits
['banana', 'apple', 'peach', 'orange']
>>> fruits.sort()
>>> fruits
['apple', 'banana', 'orange', 'peach']
```

연습 ⋯ 스스로 리스트를 작성하고 두 가지 방법으로 정렬해 봅시다.

숫자의 오름차순이나 알파벳 순이 아니라 자신의 규칙(예: 문자가 짧은 순서 등)으로 정렬하고 싶을 때도 있을 것입니다. 그런 경우는 "어떤 규칙으로 정렬할지"를 지정하는 함수를 사용합니다. 자세한 것은 뒤에서 설명합니다.

🔟 print

print()는 인수로 주어진 정보를 출력 영역인 콘솔에 표시하는 함수입니다. IDLE로 실행하면 다음 행에 표시됩니다. 단일 값을 표시하려면 그 내용을 단순하게 괄호 안에 기록합니다. 여러 값을 표시하는 경우는 콤마 구분으로 지정합니다.

```
>>> print("hello")
hello
>>> print(3)
3
>>> print(False)
False
>>> print("Hi!", "Python", 3)
Hi! Python 3
```

다른 형의 데이터를 여러 개 표시하려면 다음과 같이 서식이 있는 문자열을 사용해 새로운 문자열을 작성합니다.

❶ % 연산자를 사용하는 방법

본래 문자열 내에 「%s」나 「%d」 등의 서식을 삽입해 둡니다. 이 부분을 실제 데이터로 바꿔 놓는 방법입니다. 문자열 뒤에 % 연산자를 배치하고, 그 뒤에 튜플 형식으로 실제 데이터를 배치합니다.

" 서식 문자열   %s %s" % ("Spring", "Summer"))

데이터를 포함하는 튜플

" 서식 문자열   Spring Summer"

문자열에 지정하는 서식에는 다음과 같은 것이 있습니다.

```
%s   문자열
%d   10진수
%x   16진수
%f   10진 float
```

```
>>> "1=%s 2=%s" % ("Hello", "World")
'1=Hello 2=World'
>>> "value=(%d, %d)" % (2, 5)
'value=(2, 5)'
>>> "score=%f" % (2.457)
'score=2.457000'
```

서식의 형과 실제 데이터는 일치시켜야 합니다. 일치하지 않는 경우는 오류가 발생합니다.

```
>>> "age=%d" % ("hello")
Traceback (most recent call last):
  File "<pyshell#21>", line 1, in <module>
    "age=%d" % ("hello")
TypeError: %d format: a number is required, not str
```

서식에서는 %d와 수치를 기대하고 있는데 "hello"라는 문자열이 넘겨져서 오류가 발생하였습니다.

이 서식을 사용하면 print 문으로 여러 가지 정보를 출력할 수 있습니다.

```
>>> val, name = 4, "Python"
>>> print("val=%d, name=%s" % (val, name))
val=4, name=Python
```

% 연산자를 사용하는 방법은 초기 파이썬부터 지원했는데 현재는 다음의 format을 사용하는 방법이 주류입니다.

··· 문자열, 정수, 소수점 등 변수에 대입하고, % 연산자를 사용해서 그 내용을 포함하는 문자열을 구축해 봅시다.

❶ format 메서드를 사용하는 방법

서식 문자열을 같이 준비합니다. 다만, 데이터를 삽입하고 싶은 장소에 %를 사용하는 것이 아닌 {}를 배치합니다. 문자열에 대해서 format 메서드를 호출해 그 인수로 실제 데이터를 전달합니다.

"서식 문자열 {} {}".format("Spring", "Summer")

"서식 문자열 Spring Summer"

```
>>> "1={} 2={}".format("Hello", "World")
'1=Hello 2=World'
>>> "value=({}, {})".format(2, 5)
'value=(2, 5)'
>>> "score={}".format(2.457)
'score=2.457'
```

format을 사용한 방법으로는 {} 안에 번호를 기재함으로써 순서를 바꿀 수 있습니다.

"서식 문자열 {1} {0}".format("Spring", "Summer")
　　　　　　　　　　　　영 번째 인수　첫 번째 인수

또는 이름을 붙여서 지정할 수도 있습니다.

```
>>> "value=({1}, {0})".format(2, 5)
'value=(5, 2)'
>>> "value=({latitude}, {longitude})".format(latitude=35.6, longitude=139.6)
'value=(35.6, 139.6)'
```

서식 문자열을 사용하면 자릿수를 지정하거나 오른쪽 정렬·왼쪽 정렬시키거나, 패딩을 주는 등 여러 가지 서식을 지정할 수 있습니다.

연습 ··· 문자열, 정수, 소수점 등 변수에 대입하고, format 메서드를 사용해서 그 내용을 포함하는 문자열을 구축해 봅시다. 간단하게 순서를 바꾸는 것도 확인합시다.

프로그램을 작성하면 도중에 주석을 남기고 싶을 때가 있습니다. 그럴 때는 「#」으로 주석을 사용할 수 있습니다.

```
>>> scores = [92, 45, 87, 36, 72]   # math test scores
```

#부터 행 끝까지가 주석으로 간주됩니다. 파이썬에는 여러 행에 걸친 주석은 없습니다.

```
# comment line 1
# comment line 2
```

또는 본래의 사용 방법은 아니지만 여러 행에 걸친 문자열을 주석 처리하는 방법도 있습니다. 여러 행에 걸친 문자열은 「"""」나 「'''」와 같이 인용 문자를 3개 연속해서 기술합니다.

```
"""
comment line 1
comment line 2
"""
```

인용 문자를 3개 사용하는 방법은 정식으로는 여러 행에 걸친 문자열을 정의하는 방법입니다.

10 ^x_x 행의 줄바꿈

1행의 길이는 어느 정도로 맞추는 것이 좋습니다. 그러나 하다보면 길어질 때도 있을 것입니다.

```
# 게임오버 판정
is_game_over = head in self.bodies or head[0] < 0 or head[0] >= W or head[1] < 0 or head[1] >= H
```

#게임오버 판정

그때는 「\(백 슬래시)」를 삽입해서 행을 줄바꿈 할 수 있습니다. 위 행을 이 기호를 삽입함으로써 줄바꿈한 모습을 다음에 나타냅니다.

```
# 게임오버 판정
is_game_over = head in self.bodies or \
               head[0] < 0 or head[0] >= W or \
               head[1] < 0 or head[1] >= H
```

리스트나 사전에서는 요소의 구분 등으로 개행할 수도 있습니다. 그때는 백 슬래시를 삽입하지 않아도 됩니다.

```
>>> a = (1, 2,
    3, 4, 5)
>>> b = ["hello",
    "world"]
>>> a
(1, 2, 3, 4, 5)
>>> b
['hello', 'world']
```

이 백 슬래시 기호는 폰트에 따라서는 ₩(한국의 통화 기호)로 표시되는 것이 있습니다. 이 책 속에서도 이 줄바꿈을 사용하지만 코드의 행 끝에 ₩가 있는 경우, 그것은 행의 줄바꿈을 하는 문자(백 슬러시)로 해석해 주세요.

참고로 윈도에서는 문자 입력 모드에서 키보드상의 ₩ 라벨을 눌러 입력되는 문자가 백 슬래시입니다. 이용하고 있는 에디터(정확하게는 에디터가 사용하고 있는 폰트)에 따라서 「₩」나 「\」 중 하나의 문자가 표시됩니다. 맥에서는 option 키를 누르면서 ₩ 기호를 누르면 백 슬래시를 입력할 수 있습니다.

Chapter
03 제어문

....

지금까지 데이터형이나 데이터 구조에 대해서 기본적인 내용을 살펴봤습니다. 이 장에서는 프로그램의 흐름을 제어하는 제어문에 대해 설명합니다.

1 × 인덴트

인덴트란 문장 앞 들여쓰기로 문서를 읽기 쉽게 할 때 사용합니다. 파이썬에는 「인덴트를 사용해 그룹화」하는 특징이 있습니다. 이것은 다른 언어에서는 별로 볼 수 없습니다. 예를 들어 C, C++, C#, Java, JavaScript 등의 언어에서는 여러 개의 문을 그룹화할 때 { }로 감쌉니다. { } 안의 부분은 하나의 명령처럼 다뤄집니다.

예를 들면, 어떤 조건이 성립했을 때 특정 명령을 실행하려면 if 문을 사용합니다. C, C++ 등의 언어에서는 다음과 같이 기술합니다.

```
if (조건식) 명령
```

명령이 하나 이상일 때, { }로 감싸 여러 개의 문장을 하나로 합합니다.

```
if (조건식) {
    명령1;
    명령2;
}
```

사람에 따라서는 다음과 같이 기술하는 사람도 있습니다.

```
if (조건식)
{
    명령1;
    명령2;
  }
```

예전에는 이런 스타일로 기술하는 사람도 있었습니다.

```
if (조건식)
        {
        명령1;
        명령2;
        }
```

어떤 스타일이 좋은 것인지 종교 논쟁처럼 격렬하게 논의되는 사례도 드물지 않았습니다. 이 기법에서는 { }로 감싸는 것이 중요하므로 인덴트는 어떻게 되어 있어도 상관없습니다. 극단적으로 다음과 같이 기술되어 있어도 문제없이 동작합니다.

```
  if (조건식) {
명령1;
    명령2;
}
```

반대로 다음과 같이 { }를 붙이는 것을 잊어버리면 의도한대로 동작되지 않습니다. 아마 만든 사람은 조건이 성립했을 때 명령1과 명령2를 실행하고 싶은 것이라 생각되지만, 이것은 { }로 감싸져 있지 않기 때문에 조건이 성립했을 때 실행되는 것은 명령1만이 실행됩니다.

```
if (조건식)
    명령1;
    명령2;
```

"일부러 인덴트를 해서 보기 쉽게 하려는 거라면 반대로 인덴트함으로써 명령의 그룹화를 하면 좋지 않을까"와 같은 것이 파이썬의 사고방식입니다. 파이썬에서의 if 문은 다음과 같이 기술합니다.

```
if 조건식:
□□□□명령1
□□□□명령2
```

□는 공백입니다. 실제로는 공백은 눈에 보이지 않으므로 코드는 다음과 같이 보입니다.

```
if 조건식:
        명령1
        명령2
명령3
```

if 문의 조건이 성립했을 때에는 명령1과 2가 실행되고, 그 후 명령3으로 갑니다. 반대로 조건이 성립하지 않을 때는 명령1과 2를 건너뛰고, 명령3으로 실행이 진행됩니다. 다른 언어와 같이 개인의 기호에 따라 인덴트 스타일이 다르지는 않기 때문에 누가 써도 비슷한 기술이 됩니다. 그 결과 읽기 쉬운 코드로 연결됩니다.

인덴트에는 Tab 또는 스페이스를 사용힐 수 있습니다. 다만 양쪽을 섞으면 의도하지 않은 결과가 나올 때가 있습니다. 파이썬에서는 일반적으로 1단계 인덴트에는 문자 4개의 공백을 사용하는 것이 좋다고 여겨 이 책에서도 그 관습에 따릅니다. 다른 언어에 익숙한 사람에게는 괄호가 없는 것에 위화감을 느낄지도 모르겠지만 조금만 사용해보면 바로 그 장점을 알게 될 것이라 생각합니다.

2 : 조건식 평가

앞으로 if 문, for 문, while 문을 살펴가는데 이러한 문장에서 처리의 흐름을 바꿀 때 사용되는 것이 조건식입니다. 조건식은 그 값이 True일 때 또는 0 이외의 값일 때 조건이 성립한다고 간주합니다.

비교 연산자

비교 연산자는 두 개의 값을 비교하고 부울값을 반환합니다.

연산자	의미
A == B	두 개의 값이 같을 때 True를 반환한다
A != B	두 개의 값이 같지 않을 때 True를 반환한다
A < B	A가 B보다 작을 때 True를 반환한다
A <= B	A가 B 이하일 때 True를 반환한다
A > B	A가 B보다 클 때 True를 반환한다
A >= B	A가 B 이상일 때 True를 반환한다
A in B	A가 B(리스트와 튜플)에 포함돼 있을 때 True를 반환한다

```
>>> A = 3
>>> B = 5
>>> A == B
False
>>> A != B
True
>>> A < B
True
>>> A <= B
True
>>> A > B
False
>>> A >= B
False
>>> A in (1, 3, 5)
True
>>> A in (2, 4, 6)
False
```

연습 ··· A와 B에 여러 가지 값을 대입하고, 비교 연산자가 어떤 결과를 반환하는지 확인하세요.

📧 부울 연산자

비교 연산자를 사용하면 두 가지 값을 비교할 수 있습니다. 동시에 여러 개를 비교할 때는 부울 연산자인 and, or, not을 사용합니다.

부울 연산자	의미
조건식1 and 조건식2	조건식1과 조건식2가 모두 True일 때 True를 반환한다
조건식1 or 조건식2	조건식1과 조건식2 중 하나가 True일 때 True를 반환한다
not 조건식1	조건식1과 반대 부울값을 반환한다

```
>>> A = 3
>>> B = 5
>>> A < 10 and B < 10
True
>>> A < 0 and B < 10
False
>>> A > 0 or B > 10
True
>>> A > 10 or B > 10
False
>>> not A == 3
False
>>> not A == 5
True
```

A가 3, B가 5입니다. A<10은 True, B<10도 True이기 때문에 「A<10 and B<10」은 True입니다. 한편 A<0은 False이므로 「A<0 and B<10」은 False입니다.

다른 예도 살펴봅시다. x가 0보다 크고, 10 미만임을 조사하려면 다음과 같이 기술합니다.

0 < x and x < 10

하나의 변수에 여러 개의 and를 사용할 때는 다음과 같이 기술할 수도 있습니다.

0 < x < 10

```
>>> x = 7
>>> 0 < x < 10
True
>>> x = 11
>>> 0 < x < 10
False
```

연습 ··· and, or, not 부울 연산자의 동작을 확인해 봅시다.

■ if 문

영단어 if는 「만약~라면」이라는 문맥에서 사용합니다. 파이썬에서 if 문도 같습니다. 「어떤 조건을 충족했을 때 명령을 실행」 할 때 사용합니다. 「if: else:」 「if:」 「if: elif:」 등 몇 가지 변형이 있습니다. 차례로 살펴봅시다.

❶ if: else:

조건이 성립할 때, 성립하지 않을 때, 각각에서 어떤 처리를 할 때 사용합니다.

```
if 조건식:
    조건식이 True일 때의 처리1
...
    조건식이 True일 때의 처리n
else:
    조건식이 False일 때의 처리1
...
    조건식이 False일 때의 처리n
다음 처리
```

조건식과 else 뒤에 「:(콜론)」이 있다는 것에 주의합니다. 「:」 뒤에서부터 블록이 시작됩니다.

if 문으로 보아 인덴트돼 있는 범위가 블록입니다. 인덴트 상태를 보면 블록 범위를 한눈에 알 수 있습니다. 구체적인 예를 봅시다. 홀수인지 짝수인지에 따라 출력하는 내용을 변화시키고 있습니다.

```
>>> a = 3
>>> if a % 2 == 0:
        print("a is even")
else:
        print("a is odd")

a is odd
```

IDLE에서 if 문 등의 제어문을 입력해보면, 처음은 조금 당황할지도 모릅니다. if 문의 " : " 뒤에서 엔터 키(줄바꿈)를 입력하면 IDLE은 "다음에 조건식이 성립할 때의 기술을 하겠네"라고 판단하고 인덴트를 자동으로 조정합니다. 따라서 그대로 print(···)라고 입력을 계속할 수 있습니다. print() 문 입력을 마치고 엔터 키를 입력하면 print() 문과 같은 레벨로 커서가 이동합니다. 이것은 조건이 성립할 때의 블록이 어디에서 끝날지 판단할 수 없기 때문입니다. 블록 입력이 끝났을 때는 백 스페이스를 누르면 커서가 1레벨만큼 왼쪽으로 이동합니다. 그래서 "else:"를 입력하고 나머지 입력을 계속합니다. 모든 입력이 끝나고 행 맨 앞에 커서가 있는 상태에서 엔터 키를 누르면 입력한 내용을 실행합니다. 실제 시험해보면 바로 요령을 알 수 있을 것입니다.

%는 나머지를 구하는 연산자입니다. 2로 나눈 나머지가 0이면 짝수(even)입니다. 그렇지 않으면 홀수(odd)입니다. print는 인수로 주어진 내용을 출력하는 함수입니다.

❷ if:
조건식이 False일 때의 처리가 필요 없다면 else 다음은 생략할 수 있습니다. 특정 처리를 조건이 성립했을 때만 실행할 경우 사용합니다.

```
if 조건식:
    조건식이 True일 때의 처리1
    조건식이 True일 때의 처리n
다음 처리
```

if 뒤의 콜론부터 블록이 시작됩니다.

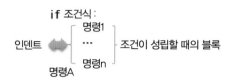

in 연산자를 사용해 리스트에 포함돼 있는지 조사하는 예입니다.

```
>>> if "hello" in ("hello", "world"):
        print("hello is in the list")

hello is in the list
>>>
```

❸ if: elif:

여러 개의 조건을 사용해서 그것들의 조건에 따라 처리를 나눌때 사용합니다. elif는 else if를 줄인
것입니다.

```
if 조건식1:
    조건식1이 True일 때의 처리1
    ...
    조건식1이 True일 때의 처리n
elif 조건식2:
    조건식2가 True일 때의 처리1
    ...
    조건식2가 True일 때의 처리n
else:
    위의 조건이 전부 False일 때의 처리1
    ...
    위의 조건이 전부 False일 때의 처리n
다음 처리
```

과일에 따라 색을 돌려주는 샘플입니다. else 다음이 필요 없다면 생략할 수 있습니다.

```
>>> fruit = "banana"
>>> if fruit == "apple":
        print("red")
elif fruit == "banana":
        print("yellow")
else:
        print("unknown")

yellow
```

3 × 부울값 이외의 값

if 문에서는 조건식에 부울값(비교 연산자나 부울 연산자 등)을 지정해서 처리의 흐름을 제어할 수 있습니다. 조건식에는 비교 연산자뿐만 아니라 값을 직접 지정할 수도 있습니다. 파이썬에서는 조건식 위치에 값이 기술되면, 그 값에 따라 조건의 성립 여부를 결정하는 규칙이 정해져 있습니다. 그 규칙을 아래 표에 나타냅니다.

	조건식이 성립하지 않는다	조건식이 성립한다
수치	0	0이 아닐 때
문자열	빈 문자열 "나 ""	왼쪽 항의 조건 이외일 때
리스트	빈 리스트 [ ]	왼쪽 항의 조건 이외일 때
튜플	빈 튜플 ( )	왼쪽 항의 조건 이외일 때

```
>>> a = 3
>>> if a:
        print("a is not zero")
else:
        print("a is zero")

a is not zero
>>> a = 0
>>> if a:
        print("a is not zero")
else:
        print("a is zero")

a is zero
```

변수 a에 3이 저장돼 있으면 첫 print 문이 출력됩니다. 즉, 조건식의 위치에 기술한 「a」는 True로 해석되는 것을 알 수 있습니다. 한편, 변수 a에 0을 저장하면 else 다음의 print 문이 출력됩니다. 0은 False로 해석되는 것입니다.

bool() 함수를 사용하면 True와 False 둘 중 어떤 것으로 해석되는지 쉽게 알아볼 수 있습니다.

```
>>> bool(0.0)
False
>>> bool(3.14)
True
>>> bool({})
False
>>> bool({1,2,3})
True
>>> bool("hello")
True
>>> bool("")
False
```

연습 ··· 수치, 문자, 리스트를 조건식으로써 평가할 때 어떤 값이 True, False가 되는
지 확인하세요. bool() 함수를 사용하면 확인이 쉽습니다.

삼항 연산자

if else를 사용하면 조건식에 따라 처리를 바꿀 수 있습니다. 조건에 따라서 대입하는 값을 선택하려
면 다음과 같이 기술합니다.

```
if a > 0:
    x = 10
else:
    x = 20
```

a가 0보다 클 때는 x에 10을 대입하고 그렇지 않으면 20을 대입합니다. 양자 택일입니다. 이러한 간
단한 if else는 더욱 쉽게 기술하는 방법이 준비돼 있습니다.

```
x = 10 if a > 0 else 20
```

얼핏보면 「알기 어려운데...」 라고 느낄지도 모릅니다. 이것은 파이썬을 만든 사람이 영어권의 사람이
기 때문일지도 모르겠습니다. 영어권에서는 결론을 먼저 말하는 게 일반적입니다. 이번에는 x에 10
를 대입함을 전제로 그 조건(a 〉 0)을 보충합니다. 마지막으로 조건이 성립하지 않으면 부사적으로
추가합니다.

이렇게 영문법과 비교하면서 생각하면 이해하기 쉬울 것이라 생각합니다. C, C++, Java, JavaScript
등의 다른 언어에서는 이럴 때를 다음과 같이 기술합니다. ?와 :를 사용해서 세 가지 항을 지정하므
로 「삼항 연산자」라고 합니다.

```
x = (a > 0 ) ? 10 : 20
```

💡 while

while 문은 반복(루프) 처리를 하기 위한 명령입니다.

```
while 조건식:
    명령1
    명령2
명령3
```

조건식이 True인 동안, 정해진 블록(위의 예에서는 명령 1과 명령 2)을 반복 실행합니다. 조건식이 False가 되면 루프를 빠져나와 다음 명령(위의 예에서는 명령 3)으로 갑니다.

```
>>> counter = 0
>>> while counter < 3:
        print(counter)
        counter += 1

0
1
2
```

이 예에서는 먼저 변수 counter를 0으로 초기화합니다. counter가 3보다 작은 동안, while 문의 블록이 실행됩니다. 이 예에서는 counter 값을 print로 출력하고, counter 값이 1 증가합니다. 즉, 루프가 1회 실행될 때마다 counter가 1 증가합니다. counter 값이 3이 되면 조건식이 False가 되므로 루프 실행이 끝납니다. 각 교과의 평균점수를 구하는 예를 while 문으로 다시 작성합시다.

```
>>> total = 0
>>> index = 0
>>> subject = (78, 95, 68, 62)
>>> while index < len(subject):
        total += subject[index]
        index += 1

>>> average = total / len(subject)
>>> average
75.75
```

len()은 리스트니 튜플의 요소 수를 빈환하는 힘수입니다. 위의 예에서는 요소가 4개이므로 len(subject)은 4입니다. index가 4보다 작은 동안 while 문이 실행됩니다. subject[index]에서 순서대로 점수를 꺼내 total에 추가합니다. 또, index를 1씩 증가하고 있습니다. while 문을 빠져나간 후에 합계 점수인 total을 요소 수로 나눠 평균점수를 구합니다.

만약 다음처럼 잘못 썼다고 합시다. 어떻게 될까요?

```
>>> while index < len(subject):
        total += subject[index]
        total += 1
```

index 값은 0인 채 바뀌지 않습니다. 즉, while 문은 계속 실행을 하게 됩니다. 이렇게 되면 중단이 안 되고, 중단하려면 파이썬 쉘을 종료할 수 밖에 없습니다.

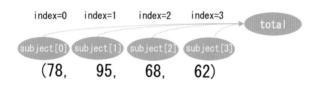

연습 ⋯ 의도적으로 위와 같이 잘못 쓰고, 파이썬 쉘을 다시 시작하세요.

❸ for

for 문은 반복 처리하기 위한 명령입니다. if 문과 나란히 가장 자주 이용되는 명령 중 하나입니다. 리스트와 튜플은 변수명 뒤에 「[번호]」를 붙여서 접근합니다. 앞에서 설명한 while 문의 예에서는 변수 index가 번호의 역할을 했습니다. 「변수 index를 0으로 초기화하고 차례대로 값을 증가하면서 배열에 접근해서 값을 구하는 것」이 정확한 사용이라고 말할 수 있을 것입니다.

```
  index=0    index=1    index=2    index=3
                                               total

subject[0]  subject[1]  subject[2]  subject[3]
   (78,        95,        68,        62)
```

그래도 조금 기다려주세요. 정말로 원하는 건 「[번호]」가 아닌 리스트나 튜플에 저장돼 있는 값일 것입니다. 값만을 차례대로 꺼내는 구조가 있으면 번호는 불필요하게 될 것입니다. 파이썬에는 그것을 위한 구문이 준비돼 있습니다. for 문을 사용해 앞의 예를 다시 작성합니다.

```
>>> total = 0
>>> for score in subject:
        total += score

>>> average = total / len(subject)
>>> average
75.75
```

for 문에서는 subject에서 값을 차례로 꺼내고, 꺼낸 값을 변수 score에 저장합니다. 루프 블록 속에서는 total에 score를 더합니다. index를 사용하지 않기 때문에 간단하고, 하고자 하는 것이 명백합니다.

이처럼 for 문을 사용하면 index 등의 번호를 사용하지 않고 요소를 차례대로 꺼낼 수 있습니다.

in 뒤에는 어떤 요소를 차례로 반환하는 것이라면 리스트나 튜플 외에도 지정할 수 있습니다.

이런 것을 이터러블 객체라고 합니다. 예를 들면, 문자열도 이터러블 객체입니다. 문자열을 in 뒤에 지정하면 한 문자씩 구할 수 있습니다.

```
>>> for letter in "hi!":
        print(letter)

h
i
!
```

range

for 문을 사용하면 번호를 사용하지 않고 요소를 차례로 구할 수 있습니다. 그러나 번호를 사용하고 싶을 때도 있을 것입니다. 파이썬은 이러한 상황도 예상하고 편리한 도구를 준비해 놓았는데 바로 range 함수입니다. 이 함수는 번호를 반환하는 이터러블 객체를 반환합니다.

가장 간단한 사용법은 인수에 최댓값을 지정하는 사용법입니다.

```
>>> for index in range(5):
        print(index)

0
1
2
3
4
```

0부터 4까지의 수치가 차례대로 반환되는 것을 알 수 있습니다. 인수로 지정한 5는 포함되지 않는 것에 주의하세요. 0부터 9까지 수치의 합계를 구하는 코드는 다음과 같습니다.

```
>>> total = 0
>>> for val in range(10):
        total += val

>>> total
45
```

0 이외의 번호부터 시작하고자 할 때도 있을 것입니다. 그럴 때는 range(시작값, 최댓값)로 두 개의 수치를 인수로 지정합니다.

```
>>> for val in range(3, 7):
        print(val)

3
4
5
6
```

하나 걸러 숫자를 구하고 싶을 때도 있을 것입니다. 그럴 때는 range(시작값, 최댓값, 스텝)로 세 개의 수치를 인수로 지정합니다.

```
>>> for val in range(1, 8, 2):
        print(val)

1
3
5
7
```

range()의 사용법을 다음과 같이 정리합니다.

❶ range(최댓값) = 인수가 한 개일 때

0부터 1씩 증가하고 최댓값(포함하지 않는다)까지

❷ range(시작값, 최댓값) = 인수가 두 개일 때

시작 값(포함)부터 1씩 증가하고 최대값(포함하지 않는다)까지

❸ range(시작값, 최댓값, 스텝) = 인수가 세 개일 때

시작 값(포함)부터 스텝만큼 증가하고 최댓값(포함하지 않는다)까지

연습 ··· 2, 4, 6, 8, 10까지의 짝수를 출력하세요.

█ break와 continue

while이나 for 등의 반복문을 사용하면

• 반복 도중에 루프를 벗어난다
• 반복 도중에 루프의 맨 앞으로 되돌아간다

와 같은 처리가 필요할 때가 있습니다.

이런 상황을 위해 준비돼 있는 것이 break와 continue입니다. break는 루프를 벗어날 때, continue는 루프의 나머지를 건너 뛰고, 루프의 맨 앞으로 되돌아갈 때 사용합니다.

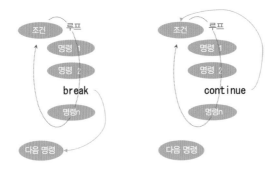

while/break를 사용한 예를 다음에 나타냅니다.

```
>>> count = 0
>>> while True:
        if count > 3:
                break
        print(count)
        count += 1

0
1
2
3
```

변수 count를 0으로 초기화하고 while 문을 실행합니다. count 값이 3보다 커지면 break로 while 문을 빠져나갑니다. 3 이하일 때는 수치를 print로 출력하고 count를 1씩 증가합니다.

for/continue를 사용한 예를 다음에 나타냅니다.

```
>>> for val in range(5):
        print(val)
        if val%2 == 0:
                continue
        print("===")

0
1
===
2
3
===
4
```

range()를 사용해서 [0, 1, 2, 3, 4] 라는 시퀀스를 생성하였습니다. 먼저 그 값을 출력합니다. 그 값이 짝수일 때는 continue로 루프의 맨 앞으로 되돌아옵니다. 홀수일 때는 「===」를 출력합니다.

4 : 함수

여기까지 파이썬에 준비돼 있는 함수를 여러 개 사용했습니다. min(), max(), type(), str(), bool(), print(), len(), range()··· 이것들의 사용법을 기억하고 있나요? 기억나지 않는다면 앞페이지로 되돌아가서 복습하세요.

파이썬에서는 직접 함수를 정의할 수도 있습니다. 복잡한 처리를 함수로 묶어서 적절한 함수명을 붙임으로써 프로그램이 현격하게 읽기 쉽게 될 때도 있습니다. 복잡한 현상은 추상화하면 전체를 볼 수 있게 되기 때문입니다. 또, 프로그램 안에 「무언가 같은 처리를 반복해서 쓰고 있네」라고 느끼면 그것은 함수를 정의하는 편이 좋다는 징후입니다. 같은 코드가 여러 곳에 편재하면 유지보수가 어려워지기 때문입니다.

파이썬에서의 함수 정의는 다음과 같이 기술합니다.

```
def 함수명(인수 1, 인수 2, …) :
    명령 1
    명령 n
    return 반환 값
```

구체적인 예를 봅시다. 인수 2개를 받아 합계를 반환하는 함수입니다.

```
>>> def add(a, b):
        return a + b

>>> add(3, 4)
7
```

> **연습** ··· 뺄셈을 하는 함수: sub, 곱셈을 하는 함수: multiply를 정의하고, 그 동작을 확인해 주세요.

인수가 없다면 생략할 수 있습니다. 또, 반환값이 필요 없으면 return을 생략할 수 있습니다.

```
>>> def say_hello():
        print("Hi!")

>>> say_hello()
Hi!
```

다음은 섭씨(한국에서 사용하는 온도의 단위: 0℃가 어는 점, 100℃가 끓는 점)를 화씨(미국 등에서 쓰이는 온도의 단위)로 변환하는 함수입니다.

```
>>> def celsius_to_fahrenheit(degree):
        return (degree * 1.8) + 32

>>> celsius_to_fahrenheit(100)
212.0
>>> celsius_to_fahrenheit(25)
77.0
```

인수나 반환값에는 어떤 값도 사용할 수 있습니다. 물론 문자열도 사용할 수 있습니다.

```
>>> def say_hello(name):
        return "Hi! " + name

>>> say_hello("John")
'Hi! John'
```

연습 ··· 어떤 함수든 상관없습니다. 함수를 정의하고, 그것을 호출해 보세요.

인수의 기본값 지정

인수를 사용하면 함수에 값을 넘겨줄 수 있었습니다. 「거의 같은 값을 사용하지만, 때로는 다른 값을 지정하고 싶을 때」노 있을 것입니다. 그럴 때는 기본값을 설정하면 편리합니다.

파이썬에서는 함수를 정의할 때 「인수=기본 값」으로 적기만 하면 기본값을 설정할 수 있습니다.

```
>>> def say_hello(name="Alex"):
        print("Hi! " + name)

>>> say_hello()
Hi! Alex
>>> say_hello("David")
Hi! David
```

인수를 생략했을 때는 변수 name에 기본 값 「Alex」가 대입되는 것을 알 수 있습니다.

람다 함수

프로그래밍을 하고 있으면 「함수를 정의한다(=def로 선언하고 함수명을 붙이고 인수명을 정해서 실제 처리를 기술한다) 정도는 아니지만 약간의 작업으로 함수를 사용하고 싶다」고 생각할 때가 있습니다. 그런 요구에 맞게 람다 함수라는 구조가 준비돼 있습니다. 서식은 다음과 같습니다.

lambda 인수: 명령

너무 간단해서 어떤 것인지 감이 오지 않을 것입니다. 구체적인 예를 살펴봅시다.

```
>>> lambda x: x % 2 == 0
<function <lambda> at 0x10dd70598>
>>> lambda name: print("Hi!" + name)
<function <lambda> at 0x10db98598>
```

이 예에서는 두 개의 람다 함수를 정의하고 있습니다. 전자는 인수가 짝수인지 아닌지 여부를 반환하는 것, 후자는 인수명에 「Hi!」를 붙인 문자열을 출력하는 것입니다.

다만 이대로는 함수에 이름이 없어서 호출할 수 없습니다. 람다 함수를 변수에 대입해 봅시다. 함수는 ()를 붙이면 호출할 수 있습니다. 그럼 이것도 시험해봅시다.

```
>>> is_even = lambda x: x % 2 == 0
>>> is_even(2)
True
>>> is_even(3)
False
>>>
>>> say_hi = lambda name: print("Hi! " + name)
>>> say_hi("Ken")
Hi! Ken
```

람다 함수도 def로 정의한 함수와 같이 호출할 수 있다는 것을 알 수 있습니다. 그러나 이같은 사용법은 람다 함수에게 그다지 일반적이지 않습니다. 이러한 용도라면 def를 사용해서 보통의 함수를 정의하면 좋기 때문입니다. 람다 함수는 [일회용]이 보통입니다. 그 이용 예를 살펴봅시다.

❶ map

map은 리스트나 튜플의 요소 전체에 대해서 어떠한 처리를 할 때 사용합니다. map의 사용법은 다음과 같습니다.

map(처리를 하는 함수, 리스트나 튜플)

리스트나 튜플의 요소가 차례로 「처리를 하는 함수」에 인수로써 전달됩니다. 함수에서는 그런 요소에 어떤 처리를 할지를 기술합니다.

map 함수를 사용해 모든 요소를 두 배로 해 봅시다. make_double은 인수를 두 배로 해서 반환만 하는 함수입니다. 이것을 map()의 첫 번째 인수로 지정합니다.

```
>>> def make_double(x):
        return x * 2

>>> list(map(make_double, [1,2,3]))
[2, 4, 6]
```

그러면 make_double의 인수에 리스트 [1, 2, 3] 요소가 차례로 전달됩니다. make_double은 단순히 두 배로 해서 반환하므로, [2, 4, 6]이라는 결과를 얻을 수 있습니다. map() 함수는 map 객체를 반환합니다. map 객체로부터 리스트를 만들려면 list() 함수를 사용합니다. 모든 요소가 두 배가 된 리스트가 만들어집니다. 다만 단순히 값을 두 배로 할 뿐이므로 일부러 def를 사용해서 정의할 필요까지는 없다고 생각할 수도 있습니다. 이를 람다식을 사용해서 다시 작성합니다.

```
>>> list(map(lambda x: x*2, [1,2,3]))
[2, 4, 6]
```

한 줄로 같은 결과를 얻게 되었습니다. 람다 함수의 인수 x에 리스트 [1, 2, 3]의 요소가 차례로 전달됩니다. 람다 함수에서는 그 값을 두 배로 만듭니다. 이렇게 함으로써 모든 요소에 특정 처리를 적용할 수 있습니다.

❷ filter

filter는 이름대로, 조건에 합치한 요소만을 추출할 때 이용합니다. 어떤 요소를 고를지 함수로 지정하는데, 그 부분에 람다식이 적합합니다.

filter(요소를 고르는 함수, 배열)

```
>>> list(filter(lambda a: a%2==0, [0, 1, 2, 3, 4, 5]))
[0, 2, 4]
```

「요소를 고르는 함수」에는 배열의 요소가 차례대로 인수로 전달됩니다. 이 예에서는 a에 0, 1, 2, 3, 4, 5라는 값이 차례로 전달됩니다. 람다 함수에서는 인수 a가 짝수일 때 True를 반환합니다. 즉, 이번 예에서는 짝수만이 선정되는 filter를 구현한 것입니다.

연습 ··· filter를 사용해서 배열의 홀수만, 3의 배수만을 필터링하세요.

❸ sorted

앞 절에서 sorted를 사용하고, 수치면 오름차순, 문자열은 알파벳순으로 정렬된다고 설명했습니다.

reverse=True 파라미터를 지정하면 역순으로 정렬할 수 있습니다.

```
>>> sorted([7, 4, 3, 1, 5])
[1, 3, 4, 5, 7]
>>> sorted([7, 4, 3, 1, 5], reverse=True)
[7, 5, 4, 3, 1]
>>> sorted(["banana", "apple", "peach"])
['apple', 'banana', 'peach']
>>> sorted(["banana", "apple", "peach"], reverse=True)
['peach', 'banana', 'apple']
```

그럼 문자열이 긴 순으로 나열하려면 어떻게 하면 좋을까요? 어떤 규칙으로 나열할지를 sorted 함수에 전해야 합니다. 여기도 람다 함수의 차례입니다. key 파라미터에 「무엇을 기준으로 나열할지」를 지정하는 함수를 기술합니다.

```
>>> sorted(["bread", "rice", "spaghetti"], key=lambda x: len(x))
['rice', 'bread', 'spaghetti']
>>> sorted(["bread", "rice", "spaghetti"], key=lambda x: len(x), reverse=True)
['spaghetti', 'bread', 'rice']
```

위의 예에서는 요소의 길이를 기준으로 하겠다고 지정합니다. reverse=True를 지정하면 역순이 됩니다. 또 다른 한 가지 예를 봅시다. 튜플의 리스트를 정렬해 봅시다. key를 지정하지 않으면 0→2→5로 튜플의 맨 앞의 요소로 정렬이 이루어집니다.

```
>>> sorted([(0, 1), (5, 3), (2, 4)])
[(0, 1), (2, 4), (5, 3)]
>>> sorted([(0, 1), (5, 3), (2, 4)], key=lambda x: x[1])
[(0, 1), (5, 3), (2, 4)]
```

후자에서는 key를 사용해 정렬하는 기준을 튜플의 두 번째 요소 x[1]로 지정합니다. 이로써 1→3→4로 정렬 순서가 바뀝니다.

연습 ··· 임의의 리스트를 만들고, sorted 함수를 사용해서 여러 순서로 재배열해 봅시다.

🔲 리스트 내포 표기

map도 filter도 리스트의 요소에 대해서 특정한 처리를 하는 것이었습니다. 파이썬에서는 리스트 내포 표기(List comprehension)라는 기술로도 같은 처리를 할 수 있습니다. 사용법은 다음과 같습니다.

[식 for 요소명 in 리스트]

이해를 위해 예를 나타냅니다.

```
>>> [x*2 for x in [1,2,3,4]]
[2, 4, 6, 8]
>>> [x*x for x in range(5)]
[0, 1, 4, 9, 16]
```

첫 번째 예는 [1, 2, 3, 4]라는 리스트 각각의 요소를 두 배로 합니다. 두 번째 예는 range(5)로 생성되는 리스트 [0, 1, 2, 3, 4]의 각 요소를 2제곱합니다.

사실은 처음에 이 표기를 봤을 때의 느낌은 "뭐야 이거?!" 였습니다. 그러나 「파이썬을 설계한 것은 영어권 사람」이라는 사실을 생각하면 이 표기를 이해할 수 있습니다.

$$x*2 \text{ for } x \text{ in } [1, 2, 3, 4]$$

x를 두 배한다 x에 대해서 리스트의

영어 표현은 결론을 먼저 말하고 순차적으로 필요한 정보를 보충합니다. 이번 예에서는 구하고 싶은 값(x의 두 배)을 결론으로 가장 먼저 설명합니다. 그 후, 조작 대상의 값은 x라고 지시, 마지막으로 그 x는 이 리스트에서 구한다고 차례대로 말하는 것입니다.

그런데 다차원 배열은 리스트의 리스트로써 표현할 수 있었습니다. 결론 부분에 리스트를 기술하면 리스트의 리스트도 작성할 수 있습니다.

$$x*2 \quad \text{for } x \text{ in } [1, 2, 3, 4]$$

원하는 것 x에 대해서 리스트의

$$[리스트] \quad \text{for } x \text{ in } [1, 2, 3, 4]$$

예를 봅시다.

```
>>> [[x,x+1,x+2] for x in [1,2,3]]
[[1, 2, 3], [2, 3, 4], [3, 4, 5]]
```

리스트의 리스트가 작성되었습니다. in 뒤의 [1, 2, 3]에서 차례로 값을 꺼내 변수 x에 할당합니다. 그 x를 바탕으로 [x, x+1, x+2]라는 리스트를 만듭니다. x가 1일 때는 [1, 2, 3], x가 2일 때는 [2, 3, 4] 입니다.

```
[[x, x+1, x+2] for x in [1, 2, 3]]
[
  [1,  2,  3],  ← x =1
  [2,  3,  4],  ← x =2
  [3,  4,  5]   ← x =3
]
```

더 나아 가서 안쪽의 리스트도 내포 표기해 봅시다.

```
>>> [[0 for x in range(3)] for y in range(4)]
[[0, 0, 0], [0, 0, 0], [0, 0, 0], [0, 0, 0]]
```

세로 4행, 가로 3행의 행렬이 단 한 줄의 코드로 초기화되었습니다. x나 y와 같은 변수는 반드시 사용하지 않아도 상관없습니다.

```
[[0 for x in range(3)] for y in range(4)]
    [0, 0, 0]  ← y = 0
    [0, 0, 0]  ← y = 1          ← 이곳을 4회 반복해서 바깥쪽의 리스트를 만든다
    [0, 0, 0]  ← y = 2
    [0, 0, 0]] ← y = 3


  [0 for x in range(3)]
  이곳을 3회 반복해서 안쪽의 리스트를 만든다
```

차례대로 값을 채우는 것도 간단합니다. y 값이 0, 1, 2, 3으로 증가해 가며, 각각에 대해서 안쪽의 리스트 내포 표기가 실행된 x의 값이 0, 1, 2로 증가합니다. x+y*3으로 해서 차례대로 수치를 증가할 수 있습니다.

```
>>> [[x+y*3 for x in range(3)] for y in range(4)]
[[0, 1, 2], [3, 4, 5], [6, 7, 8], [9, 10, 11]]
```

다음은 2차원 배열의 요소를 차례로 꺼내 두 배로 하는 샘플입니다.

```
>>> data = [[x+y*3 for x in range(3)] for y in range(4)]
>>> data
[[0, 1, 2], [3, 4, 5], [6, 7, 8], [9, 10, 11]]
>>> [[x*2 for x in row] for row in data]
[[0, 2, 4], [6, 8, 10], [12, 14, 16], [18, 20, 22]]
```

변수 data에 2차원 배열을 대입하고 있습니다. 이것은 위의 예와 같습니다. data의 요소를 차례로 꺼내 변수 row에 저장합니다. 안쪽의 리스트에서는 그 row부터 차례로 요소를 꺼내고, 요소의 값 x를 두 배로 합니다.

리스트 내포 표기를 사용해 여러 가지 리스트를 만들었습니다. 그리고 내포 표기에서는 조건식을 추가함으로써 filter와 같은 표현도 할 수 있습니다.

[식 for 요소명 in 리스트 if 조건식]

if 조건을 충족한 요소에 대해서만 처음 식이 실행됩니다. 이것도 예를 살펴 봅시다. [0, 1, 2, 3, 4, 5] 부터 짝수만 추출합니다.

```
>>> [x for x in [0,1,2,3,4,5] if x%2==0]
[0, 2, 4]
```

x%2==0을 충족시키는 것은 짝수뿐입니다. 따라서 [0, 1, 2, 3, 4, 5]라는 값이 있지만, 꺼내서 처리되는 것은 조건을 충족하는 값 [0, 2, 4]가 됩니다.

다음 예는 x를 세 배, [0, 1, 2, 3, 4, 5]를 range(6)으로 바꾼 것입니다.

```
>>> [x*3 for x in range(6) if x%2==0]
[0, 6, 12]
```

리스트 내포 표기는 영어권 특유의 기법이므로, 익숙해질 때까지는 조금 시간이 걸릴지도 모릅니다. 다만 파이소니스타(Pythonista[4]) 가 되려면 반드시 마스터해야 할 내용입니다. 힘내세요.

5 × 모듈

파일 실행

여기까지는 모두 IDLE이라는 환경에서 작업을 해왔습니다. IDLE은 시험하는 데는 편리하지만 본격적인 프로그램을 개발하는 데는 맞지 않습니다. 프로그램을 만든다면 파일에 저장하고, 그 파일을 실행하는 단계를 밟아야 합니다.

파일 작성은 익숙한 에디터를 사용해도 상관없습니다. 참고로 IDLE에서 파일을 만드는 순서에 대해서 설명합니다.

맥의 경우

(1) IDLE을 실행한 상태에서 파일 메뉴에서 New File을 선택합니다.

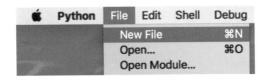

---

4 파이썬의 달인을 Pythonist, Pythonista 등으로 부른다고 합니다.

(2) 열린 창에 프로그램을 입력합니다.

(3) 실행 전에 저장합니다. 파이썬 프로그램의 파일 확장자는 일반적으로 . py로 합니다.

(4) Run 메뉴의 Run Module을 선택해 실행합니다.

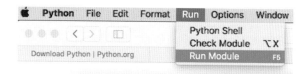

(5) 파이썬 쉘에 결과가 출력됩니다.

(6) 일단 파일에 저장했으면 터미널에서 실행할 수도 있습니다.

단순히 python이라고 명령 라인에서 입력하면 파이썬 2가 실행될 가능성이 있습니다. 그 때는 python3이라는 명령이 있는지 시험해 보세요. 이 책의 샘플은 파이썬 3을 기반으로 하므로, python3이 필요합니다. 참고로 「python--version」 또는 「python3--version」이라고 입력하면 버전 번호를 확인할 수 있습니다.

🔲 모듈의 임포트

처음부터 여러 가지 상황을 가정해서 제대로 준비해서 일에 임하는 사람도 있고, 필요한 것은 그때그때 준비하면 된다고 생각하는 사람도 있습니다. 파이썬의 입장은 분명히 후자입니다. 파이썬에서는 필요한 것을 그때그때 임포트합니다.

예를 들어 파이썬에서 난수를 이용하려면 random 모듈을 임포트(가져오기)해야 합니다. 외부 모듈을 넣으려면 import 명령을 사용합니다.

import 모듈명

모듈을 임포트하면 그 모듈 안에 정의돼 있는 함수를 이용할 수 있습니다. 아래 예에서는 random 모듈을 임포트하고, random.randint() 함수로 난수를 생성합니다.

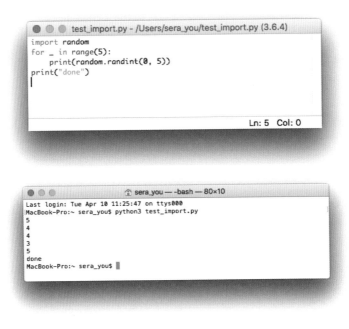

randint(x, y)	x부터 y까지의 랜덤인 int 값을 구한다

단순한 randint()가 아니라 random.randint()라고 모듈명이 앞에 붙는 것에 주의하세요.

이것은 함수명 충돌을 막기 위한 것입니다. 예를 들면, 게임용 모듈 A에 get_position()이라는 함수가 있고, 지도용 모듈 B에도 get_position()이라는 함수가 있다고 합시다. 모듈 A와 B 양쪽을 임포트해서 get_position() 함수를 실행하면 어느 쪽이 실행되는 것일까요? 이런 애매함을 배제하기 위해서 모듈명을 함수의 앞에 붙이는 것입니다. A.get_position()과 B.get_position()이라면 어느 쪽의 함수를 호출할지 명확히 구별할 수 있습니다.

필요한 대상만 임포트

예를 들면 random 모듈에는 seed(), getstate(), setstate(), jumpahead(), getrandbits(), randrange(), randint(), choice(), shuffle(), sample()…등 다양한 함수가 준비돼 있습니다. 위의 예에서 실제로 이용하고 있는 것은 randint() 하나뿐입니다. 신경 쓸 정도는 아닐 수도 있는데, 불필요하다면 불필요합니다. 특정 함수만 사용한다면 다음 명령을 이용할 수 있습니다.

from 모듈명 import 함수명

위의 예를 이 구문을 사용해 다시 작성합니다.

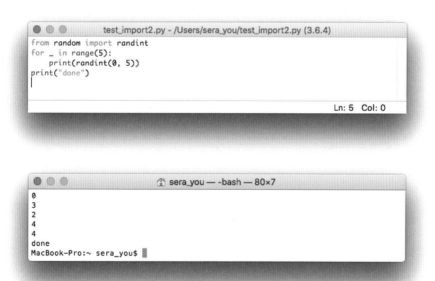

명시적으로 사용하는 함수를 지정하고 있기 때문에 모듈명을 붙이지 않아도 함수를 호출하고 있음에 주의하세요. 참고로, for와 in 사이에 「_」을 지정하고 있습니다. 보통은 리스트의 요소를 저장하는 변수를 지정합니다. 이번에는 루프 안에서 변수를 이용하지 않습니다. 보통의 변수를 지정해도 아무 문제는 없지만 「변수를 사용하지 않는다」라는 의도를 명시하기 위해서 「_」를 사용했습니다.

main__

파이썬 파일은 기본적으로 위부터 차례로 실행합니다. 이때, 함수 정의는 실행과는 다른 것임에 주의하세요. 다음과 같은 파일이 있었다고 합시다.

```
명령 1
def add(a, b):
    return a + b
명령 2
def sub(a, b):
    return a - b
명령 3
```

[명령1 → add 함수 정의 → 명령2 → sub 함수 정의 → 명령3]으로 처리되어 가는데, add나 sub는 함수를 정의하고 있을 뿐 실행은 되지 않습니다. 함수가 실행되는 것은 누군가가 함수를 호출한 타이밍입니다. 즉, add(2, 3), sub(5, 2)처럼 호출하지 않으면 함수는 실행되지 않습니다.

그런데 파이썬에서는 import 명령을 사용해서 다른 모듈을 읽어 들입니다. 즉, 호출하는 쪽과 불리는 쪽, 두 종류가 있습니다.

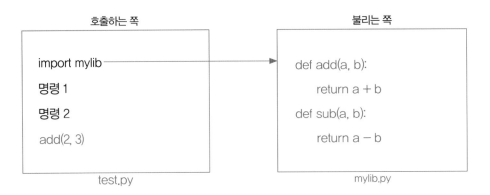

여러분이 작성한 파일도 어떤 때는 호출하는 쪽, 어떤 때는 불리는 쪽이 될지도 모릅니다. 어떤 상황에서 실행되고 있는지 알아보기 위해서 __name__이라는 변수가 준비돼 있습니다. 자신이 프로그램을 시작한 파일이면 __name__에는 「__main__」이라는 값이 설정됩니다. 즉, 이 값을 보면 호출 쪽인지 불린 쪽인지를 판단할 수 있는 것입니다. 시험해 봅시다. import_test0.py와 import_test1.py라는 두 개의 파일을 준비합니다.

import_test0.py

```
print("import_test0 start")
print("__name__ = {}".format(__name__))
def main():
    print("main executed")
if __name__ == '__main__':
        main()
```

import_test1.py

```
print("import_test1 start")
import import_test0
```

테스트 결과는 다음과 같습니다.

```
● ● ●                 PythonBasic — -bash — 70×8
KenichironoMBP:PythonBasic kenichirotanaka$ python3 import_test0.py
import_test0 start
__name__ = __main__
main executed
KenichironoMBP:PythonBasic kenichirotanaka$ python3 import_test1.py
import_test1 start
import_test0 start
__name__ = import_test0
```

import_test0.py1을 실행했을 때는 __name__에 __main__라는 문자열이 설정돼 있는 것을 알 수 있습니다. 한편, import_test1.py에서 import_test0.py를 로드했다면, __name__에는 모듈명이 설정돼 있는 것을 알 수 있습니다. 뒤에도 많은 샘플이 나오지만, 대부분 다음 형식을 따릅니다.

```
import …
초기화 코드
 함수·클래스정의, 광역 변수 선언 등
def main():
… 메인 루틴
if __name__ == '__main__':
   main()
```

__name__=='__main__'이 True일 때, 이 파일부터 실행이 시작됩니다. 그 경우는 함수 main()을 실행해서 처리를 시작합니다. 만일 다른 파일로부터 import되었다면, 이 조건식은 False가 되기 때문에 main()은 실행되지 않습니다. 참고로 main()은 많은 언어에서 프로그램 실행의 기점이 되는 함수입니다. 위의 예는 그 관습을 따르는 것뿐 함수명은 main()으로 한정되는 것은 아닙니다.

Chapter 04 PyGame

PyGame은 파이썬 게임용 라이브러리입니다. PyGame을 사용하면 윈도를 만들어 자유롭게 그릴 수 있습니다. 마우스나 키보드 입력도 받습니다. 게임에서 편리하게 사용할 수 있는 명령도 풍부합니다. 그럼 PyGame의 사용법을 살펴봅시다.

1 · 윈도 표시

먼저, 윈도를 화면에 표시합니다.

```
""" justwindow.py """
import sys
import pygame
from pygame.locals import QUIT

pygame.init()
SURFACE = pygame.display.set_mode((400, 300))
pygame.display.set_caption("Just Window")

def main():
    """ main routine """
    while True:
        SURFACE.fill((255, 255, 255))

        for event in pygame.event.get():
            if event.type == QUIT:
                pygame.quit()
                sys.exit()
```

```
        pygame.display.update()

if __name__ == '__main__':
    main()
```

IDLE에서 파일을 실행할 때는 「File」 메뉴에서 「Open」을 선택, 파일 선택 대화상사를 엽니다. 그 대화상자에서 실행할 파일을 선택합니다.

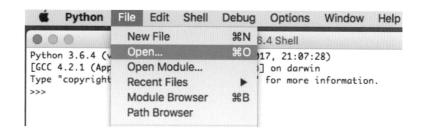

그러면 파일을 포함한 윈도가 표시되므로 그 윈도의 「Run」 메뉴에서 「Run Module」을 선택해서 파일을 실행할 수 있습니다.

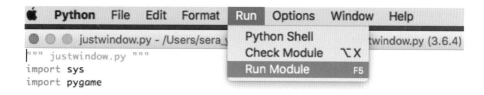

위에서 설명한 파일을 실행하면 다음과 같은 윈도가 표시됩니다. 크기는 폭 400, 높이 300 픽셀, 윈도 타이틀에 「Just Windows」라고 표시됩니다.

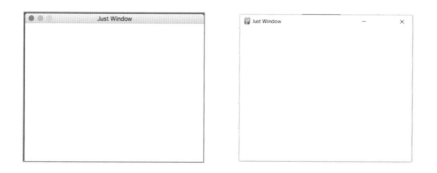

자세하게 프로그램을 설명하기 전에 윈도를 가진 어플리케이션이 어떻게 동작하는지 그 구조에 대해서 간단하게 설명합니다.

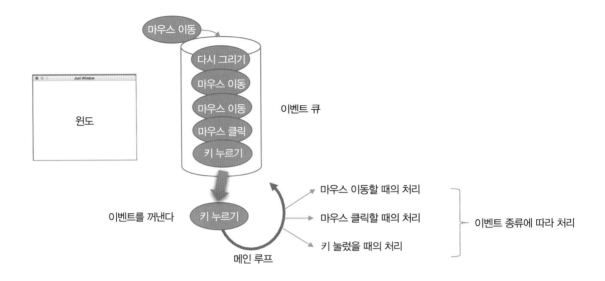

윈도는 화면에 표시됩니다. 그 위에서 마우스가 클릭되거나 마우스가 움직이거나 키보드가 눌리는 등 여러 가지 현상이 발생합니다. 이러한 사실과 현상을 「이벤트」라고 합니다. 이벤트는 발생하면 이벤트 큐라는 곳에 저장됩니다. 큐(queue)는 대기 행렬입니다. 프로그램에서는 큐의 맨 앞에서 이벤트를 꺼내고 그 이벤트의 종류에 따라서 적절한 처리를 해 나갑니다. 인기있는 레스토랑에 사람이 들이 기다리고 있는 듯한 상태입니다. 맨 앞의 사람부터 주문한 음식을 먹을 수 있습니다.

이처럼 윈도를 가진 애플리케이션은 이벤트 큐에 쌓인 이벤트를 차례로 처리하는 작업을 반복하는데 이 반복을 「메인 루프」라고 합니다. 파이썬뿐만 아니라 윈도를 가진 앱의 대부분은 이같은 구조로 동작합니다.

소스 코드를 자세히 살펴봅시다. 처음의 「""" justwindow.py """」는 주석입니다. 없어도 동작에 지장은 없습니다. 참고로 리눅스, 맥OS 상에서는 파일을 직접 실행할 수 있도록 맨 앞 행에 「#!/usr/bin/python3」이나 「#!/usr/bin/envpython3」처럼 있을 때도 있습니다.

이어진 세 줄은 모듈을 임포트하기 위한 것입니다.

```
import sys
import pygame
from pygame.locals import QUIT
```

sys 시스템 모듈과 pygame 모듈을 임포트하고 있습니다. pygame에서는 여러 가지 상수를 사용하는데, 그것들은 pygame.locals 모듈에 정의돼 있습니다. 「frompygame.locals import QUIT」라는 처리로 pygame.locals 모듈에 있는 QUIT라는 상수를 사용한다는 뜻입니다.

「pygame.init()」는 pygame 모듈을 초기화하는 함수입니다. pygame을 사용하는 앱에서는 처음으로 호출해야 합니다.

「SURFACE = pygame.display.set_mode(400, 300)」에서는 크기를 지정해서 윈도를 작성하고 그것을 변수 SURFACE에 저장합니다. 계속해서 「pygame.display.set_caption("Just Window")」로 윈도의 타이틀을 설정합니다.

「def main():」부터가 함수 main의 선언입니다. 파일의 마지막에 「__name__ == '__main__'」라는 if 문이 있는 것으로 알 수 있듯이 이 파일부터 시작되었을 때 main 함수가 실행됩니다. main 함수는 전체가 while True: 블록으로 둘러싸여 있습니다. 이 while 문이 메인 루프입니다. 종료 처리가 이뤄질 때까지 루프를 계속합니다.

while 블록 안에서는 먼저 「SURFACE.fill((255, 255, 255))」를 호출합니다. 변수 SURFACE는 윈도입니다. 그 윈도를 흰색 (255, 255, 255)으로 칠합니다. fill은 채운다는 의미입니다. 삼원색이라는 말이 있는데 빨간색, 녹색, 파란색을 섞으면 색을 표현할 수 있습니다. PyGame에서는 세 가지의 숫자 튜플(R 빨간색, G 녹색, B 파란색)로 색상을 지정합니다. 각각의 요소는 0부터 255까지의 범위로 지정합니다. 몇가지 예를 살펴 봅시다.

(0, 0, 0)	검정색
(255, 255, 255)	흰색
(255, 0, 0)	빨간색
(0, 255, 0)	녹색
(0, 0, 255)	파란색
(255, 255, 0)	노란색

연습 ··· 색 부분을 바꿔서 어떻게 색이 변하는지 확인해 주세요.

다음 「for event in pygame.event.get():」은 이벤트 큐에서 이벤트를 읽는 명령입니다. 읽혀진 이벤트는 변수 event에 저장됩니다. 다음은 그 event의 종류에 따라 적절한 처리를 합니다. 이번 프로그램은 가장 기본적인 것이므로 「종료 이벤트를 검출했을 때 프로그램을 종료한다」는 처리만 합니다. 종료 이벤트는 윈도의 「닫기」 버튼을 눌렀을 때 등에 발생합니다. 그 처리가 다음 if 문입니다.

```
if event.type == QUIT:
    pygame.quit()
    sys.exit()
```

이벤트의 종류가 QUIT일 때, 「pygame.quit()」로 PyGame의 초기화를 해제하고, 「sys.exit()」로 프로그램을 종료합니다. 「pygame.display.update()」는 프로그램 내에서 그린 내용을 반영시키는 명령입니다. 이 명령을 실행하지 않으면 애써 그린 내용이 화면에 반영되지 않으므로 잊지 말고 호출하도록 하세요.

2 × 타이머

메인 루프는 전속력으로 실행을 반복합니다. CPU 사용률을 보면 상당히 높은 수치인 것을 확인할 수 있습니다. 다음은 맥OS의 액티비티 모니터의 모습입니다. 단지 윈도를 표시하는 앱이지만 CPU를 111.9%나 점유하고 있는 것을 알 수 있습니다.

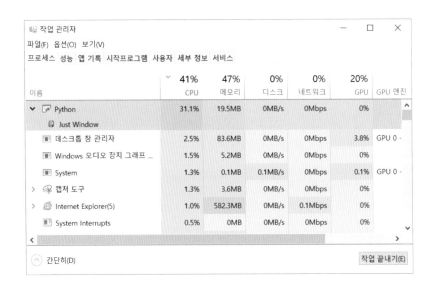

Windows 환경에서는 작업 관리자를 사용하면 마찬가지로 정보를 확인할 수 있습니다.

이쪽도 31.1%로 매우 높은 CPU 이용률입니다.

어느 정도 빠른 속도로 메인 루프가 동작하는지를 확인하는 프로그램을 만들어 봤습니다.

```
""" fps_test1.py """
import sys
import pygame
from pygame.locals import QUIT

pygame.init()
SURFACE = pygame.display.set_mode((400, 300))

def main():
    """ main routine """
    sysfont = pygame.font.SysFont(None, 36)
    counter = 0
    while True:
        for event in pygame.event.get():
            if event.type == QUIT:
                pygame.quit()
                sys.exit()

        counter += 1
        SURFACE.fill((0, 0, 0))
        count_image = sysfont.render
            ("count is {}".format(counter), True, (225, 225, 225))
        SURFACE.blit(count_image, (50, 50))
        pygame.display.update()

if __name__ == '__main__':
    main()
```

메인 루프 안에서 카운터 counter를 1씩 증가시키고 그 값을 화면에 표시합니다. 그리기 명령은 나중에 자세히 설명하므로 여기에서는 실행하고 모습을 보기만 해도 됩니다. 매우 빠른 속도로 카운터가 증가하는 모습을 볼 수 있습니다.

연습 ··· 실제로 실행해서 CPU 사용률을 봅시다.

사람의 눈은 빠른 속도에는 쫓아갈 수 없으므로 너무 빠른 속도로 루프는 불필요합니다. CPU의 부하를 줄이기 위해서도 프레임을 그릴 때에 휴식을 취하는 것이 일반적입니다. 예컨대 1초에 10프레임을 그리는 경우는 다음과 같습니다.

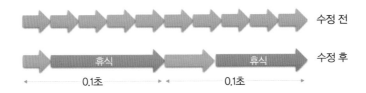

일정 프레임 레이트(프레임 주기)를 실현하기 위해서는 처리 시간에 차이가 있을 때는 휴식 시간의 길이를 조정해야 하는 것에 주의하세요.

PyGame에는 일정 프레임 레이트를 실현하기 위해서 적절히 휴식을 취하는 명령이 준비돼 있습니다. 다음 예를 보세요. 추가한 것은 단 두 줄입니다.

```python
""" fps_test2.py """
import sys
import pygame
from pygame.locals import QUIT

pygame.init()
SURFACE = pygame.display.set_mode((400, 300))
FPSCLOCK = pygame.time.Clock()

def main():
    """ main routine """
    sysfont = pygame.font.SysFont(None, 36)
    counter = 0
    while True:
        for event in pygame.event.get():
            if event.type == QUIT:
                pygame.quit()
                sys.exit()

        counter += 1
        SURFACE.fill((0, 0, 0))
        count_image = sysfont.render(
            "count is {}".format(counter), True, (225, 225, 225))
```

```
        SURFACE.blit(count_image, (50, 50))
        pygame.display.update()
        FPSCLOCK.tick(10)

if __name__ == '__main__':
    main()
```

「FPSCLOCK = pygame.time.Clock()」로 클럭 객체를 작성하고, 변수 FPSCLOCK에 저장합니다. 메인 루프 안에 「FPSCLOCK.tick(10)」이라고 기술하면 딱 1초에 10회 루프가 실행되도록 적절한 휴식을 만들어 줍니다. 카운터가 1초에 10 증가해 가는 것을 확인할 수 있습니다. CPU 이용률도 크게 떨어지는 것을 확인할 수 있습니다.

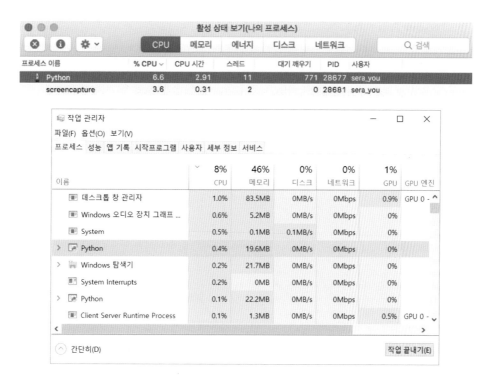

3 × PyGame의 문서

이제부터 PyGame에 대해서 설명해 나가는데 이 책 한권으로 PyGame 전부를 설명할 수는 없습니다. 공식 문서는 다음 URL에 있습니다.

http://www.pygame.org/docs/

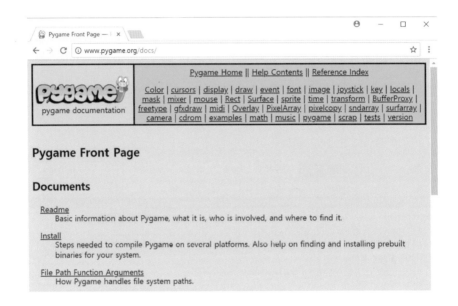

이 문서에서 메서드나 프로퍼티 설명은 다음과 같은 구성입니다.

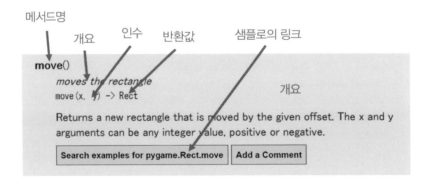

PyGame만이 아니라 컴퓨터 관련 정보의 대부분은 영어로 공개돼 있습니다. 스스로 필요한 정보를 찾는 것도 중요한 스킬입니다. 영어가 거북한 사람도 있을지도 모르지만, 이를 계기로 영어를 접하길 강력히 추천합니다.

4 : 각종 그리기

PyGame으로 직사각형이나 원, 도형 등을 그릴 때는 draw 클래스의 메서드를 사용합니다. 그 전에 좌표계를 먼저 살펴봅니다.

좌표계

앞으로 화면에 여러 가지 그려 가는데 어떤 내용을 그리려고 해도 「어디에 그릴까」하는 위치 지정이 필수입니다. 그만큼 좌표계를 올바르게 이해하는 것은 매우 중요합니다.

PC의 좌표계는 학교에서 배운 좌표계와 다르므로 주의하세요.

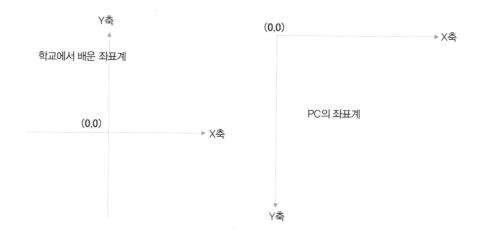

• 학교에서 배운 좌표계 = 가로가 X축(오른쪽이 양수), 세로가 Y축(위가 양수), 중앙이 원점
• PC의 좌표계 = 가로가 X축(오른쪽이 양수), 세로가 Y축(아래가 양수), 화면 왼쪽 위가 원점

앞으로는 PC의 좌표계로 설명해 나갑니다. Y축은 아래가 양수인 것, 원점이 화면 왼쪽 위(인도 왼쪽 위 구석)임을 잊지 않도록 하세요.

Rect

PyGame에서 직사각형(위치와 크기)을 지정할 때 사용하는 클래스입니다(다른 언어 라이브러리에서도 직사각형을 다루는 클래스는 많이 있지만 개인적으로는 PyGame의 Rect 클래스는 월등히 사용하기 쉽다고 생각합니다).

➊ Rect 객체 만드는 방법

다음의 방법으로 객체를 작성할 수 있습니다.

```
Rect(left, top, width, height)
Rect((left, top), (width, height))
```

left는 왼쪽 가장자리의 x 좌표, top은 위쪽 끝의 y 좌표, width는 폭, height는 높이입니다.

일단 객체를 작성하면 여러 가지 프로퍼티로 접근할 수 있습니다. Rect 클래스에서 이용할 수 있는 프로퍼티를 다음에 나타냅니다.

```
x, y, top, left, bottom, right
topleft, bottomleft, topright, bottomright
midtop, midleft, midbottom, midright
center, centerx, centery
size, width, height,w, h
```

Rect 객체를 작성하고, 프로퍼티에 접근하는 예를 다음에 나타냅니다.

```
>>> r = Rect(30, 20, 60, 40)
>>> r.center
(60, 40)
>>> r.bottomleft
(30, 60)
>>> r.width
60
>>> r.bottom
60
```

「r = Rect(30, 20, 60, 40)」가 객체를 작성하는 부분입니다. 좌변의 x 좌표가 30, 위쪽 끝의 y 좌표가 20, 폭 60, 높이 40의 Rect 객체를 작성하고, 그것을 변수 r에 저장합니다.

객체가 작성되면

```
객체.프로퍼티명
```

과 같이 객체와 프로퍼티명을 마침표로 연결하여 프로퍼티에 접근할 수 있습니다. 예를 들어 r.center라는 기술로 객체 r의 중심 좌표(60, 40)를 구할 수 있습니다. 또, 아래쪽 끝의 y 좌표는 20 + 40 = 60이 되는데, r.bottom로 해 값을 구합니다.

참고로, 프로퍼티는 값을 참조할 뿐 아니라 값을 대입할 수도 있습니다.

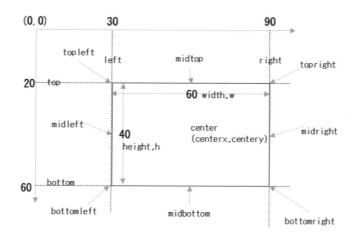

연습 ⋯스스로 Rect 객체를 작성하고 여러 가지 프로퍼티로 접근해 봅시다.

Rect 클래스의 이점은 각종 프로퍼티에 접근할 수 있는 것만은 아닙니다. 여러 가지 메서드를 이용할 수 있습니다. 메서드란 객체와 관련된 함수입니다. 자세한 것은 뒤에서 다시 설명하므로, 여기에서는 Rect 클래스를 조작하는 함수라고만 생각하세요.

Rect 클래스의 주요 메서드를 다음에 나열합니다.

copy()	Rect 객체를 복제한다
move(x, y)	(x, y) 이동한 Rect를 반환한다. 자신은 이동하지 않는다
move_ip(x, y)	자신(Rect)을 (x, y) 이동한다
inflate(x, y)	현재값에서 (x, y)만큼 크기를 변경한 Rect를 반환한다
inflate_ip(x, y)	자신의 사이즈를 (x, y)만큼 변경한다
union(Rect)	자신과 인수의 Rect를 포함하는 최소 Rect를 반환한다
contains(Rect)	인수의 Rect를 포함하는지 아닌지 여부를 반환한다
collidepoint(x, y)	(x, y)라는 점이 자신에게 포함되는지 아닌지 여부를 반환한다
colliderect(Rect)	Rect와 자신에게 겹침이 있는지 없는지(충돌)를 반환한다

메서드를 호출할 때에는 어떤 객체에 대해서 메서드를 호출하는지 명확하게 지정해야 합니다. 그 때문에,

객체.메서드명 (인수 1, 인수 2, ⋯인수 n)

이렇게 호출합니다. 프로퍼티가 객체의 특징을 나타내는 값이었던 것에 반해 메서드는 함수를 사용해서 객체를 조작하는 듯한 이미지입니다.

비슷한 이름의 메서드로 _ip가 붙어 있는 것이 있습니다. 이것은 in-place라는 의미로 자신이 변환하는 걸 의미합니다. _ip가 붙지 않은 것은 자신의 정보를 바탕으로 다른 Rect를 작성해서 반환합니다. 자신은 위치도 크기도 변화하지 않습니다. 이것들을 헷갈리지 않도록 조심하세요.

```
>>> r = Rect(10, 20, 30, 40)
>>> r.move(50, 60)
<rect(60, 80, 30, 40)>
>>> r
<rect(10, 20, 30, 40)>
>>> r.move_ip(50, 60)
>>> r
<rect(60, 80, 30, 40)>
```

move를 실행해도 r은 변화하지 않습니다. 한편 move_ip를 실행하면 r 값이 변화하는 것을 확인할 수 있습니다.

Rect 클래스의 메서드를 효과적으로 활용함으로써 프로그램이 훨씬 간단하게 되는 경우도 많습니다. 꼭, 한 번 문서를 살펴보고 어떤 방법이 있는지 알아보세요.

❷ 직사각형

전제 지식은 이 정도면 됩니다. 화면에 그리려면 draw 클래스의 메서드를 사용합니다. 직사각형을 그리는 메서드 rect의 정의는 다음과 같습니다. 직사각형을 나타내는 Rect, 직사각형을 그리는 rect, 헷갈리기 쉽기 때문에 혼동하지 않도록 주의하세요.

```
rect(Surface, color, Rect, width=0) -> Rect
Surface: 그리는 대상이 되는 화면 (Surface 객체)
color: 색
Rect: 직사각형의 위치와 크기
width: 선 폭 (생략할 때는 빈틈없이 칠한다)
```

```
""" draw_rect1.py """
import sys
import pygame
from pygame.locals import QUIT, Rect

pygame.init()
SURFACE = pygame.display.set_mode((400, 300))
FPSCLOCK = pygame.time.Clock()
```

```python
def main():
    """ main routine """

    while True:
        for event in pygame.event.get():
            if event.type == QUIT:
                pygame.quit()
                sys.exit()

        SURFACE.fill((255, 255, 255))

        # 빨간색: 직사각형(꽉 채워 칠한다)
        pygame.draw.rect(SURFACE, (255, 0, 0), (10, 20, 100, 50))

        # 빨간색: 직사각형(굵기 3)
        pygame.draw.rect(SURFACE, (255, 0, 0), (150, 10, 100, 30), 3)

        # 녹색: 직사각형
        pygame.draw.rect(SURFACE, (0, 255, 0), ((100, 80), (80, 50)))

        # 파란색: 직사각형, Rect 객체
        rect0 = Rect(200, 60, 140, 80)
        pygame.draw.rect(SURFACE, (0, 0, 255), rect0)

        # 노란색: 직사각형, Rect 객체
        rect1 = Rect((30, 160), (100, 50))
        pygame.draw.rect(SURFACE, (255, 255, 0), rect1)

        pygame.display.update()
        FPSCLOCK.tick(3)

if __name__ == '__main__':
    main()
```

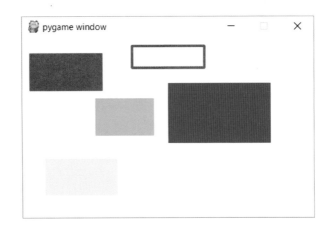

❸ 원

원을 그리는 메서드 circle의 정의는 다음과 같습니다.

circle(Surface, color, pos, radius, width=0) -> Rect
Surface: 그리는 대상이 되는 화면(Surface 객체)
color: 색
pos: 중심 좌표
radius: 반경
width: 선 폭(생략 시는 꽉 채워 칠한다)

```python
""" draw _ circle.py """
import sys
import pygame
from pygame.locals import QUIT, Rect

pygame.init()
SURFACE = pygame.display.set _ mode((400, 300))
FPSCLOCK = pygame.time.Clock()

def main():
    """ main routine """

    while True:
        for event in pygame.event.get():
            if event.type == QUIT:
                pygame.quit()
                sys.exit()
```

```
        SURFACE.fill((255, 255, 255))

        # 빨간색: 꽉 채워 칠한다
        pygame.draw.circle(SURFACE, (255, 0, 0), (50, 50), 20)
        # 빨간색: 굵기10
        pygame.draw.circle(SURFACE, (255, 0, 0), (150, 50), 20, 10)

        # 녹색: 반경10
        pygame.draw.circle(SURFACE, (0, 255, 0), (50, 150), 10)
        # 녹색: 반경20
        pygame.draw.circle(SURFACE, (0, 255, 0), (150, 150), 20)
        # 녹색: 반경30
        pygame.draw.circle(SURFACE, (0, 255, 0), (250, 150), 30)

        pygame.display.update()
        FPSCLOCK.tick(3)

if __name__ == '__main__':
    main()
```

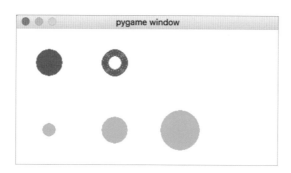

❹ 타원

타원 그리기는 다음 메서드로 합니다. 중심과 반경이 아니라 타원에 외접하는 직사각형을 지정함으로서 좌표를 지정합니다. 정사각형을 지정하면 원이 됩니다.

```
ellipse(Surface, color, Rect, width=0) -> Rect
Surface: 그리는 대상이 되는 화면 (Surface 객체)
color: 색
Rect: 타원에 외접하는 직사각형의 위치와 크기
width: 선 폭(생략할 때는 꽉 채워 칠한다)
```

```python
""" draw _ ellipse.py """
import sys
import pygame
from pygame.locals import QUIT, Rect

pygame.init()
SURFACE = pygame.display.set _ mode((400, 250))
FPSCLOCK = pygame.time.Clock()

def main():
    """ main routine """

    while True:
        for event in pygame.event.get():
            if event.type == QUIT:
                pygame.quit()
                sys.exit()

        SURFACE.fill((255, 255, 255))

        # 빨간색
        pygame.draw.ellipse(SURFACE, (255, 0, 0), (50, 50, 140, 60))
        pygame.draw.ellipse(SURFACE, (255, 0, 0), (250, 30, 90, 90))

        # 녹색
        pygame.draw.ellipse(SURFACE, (0, 255, 0), (50, 150, 110, 60), 5)
        pygame.draw.ellipse(SURFACE, (0, 255, 0), ((250, 130), (90, 90)), 20)

        pygame.display.update()
```

```
        FPSCLOCK.tick(3)


if __name__ == '__main__':
    main()
```

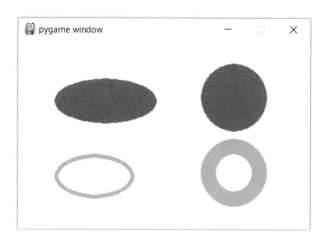

❺ 선

선은 다음의 메서드로 그립니다.

line(Surface, color, start_pos, end_pos, width=1) -> Rect
Surface: 그리는 대상이 되는 화면 (Surface 객체)
color: 색
start_pos: 시작점
end_pos: 도착점
width: 선 폭

```
""" draw_line1.py """
import sys
import pygame
from pygame.locals import QUIT

pygame.init()
SURFACE = pygame.display.set_mode((400, 220))
FPSCLOCK = pygame.time.Clock()
```

```python
def main():
    """ main routine """

    while True:
        for event in pygame.event.get():
            if event.type == QUIT:
                pygame.quit()
                sys.exit()

        SURFACE.fill((255, 255, 255))

        # 빨간색: 가로줄
        pygame.draw.line(SURFACE, (255, 0, 0), (10, 80), (200, 80))

        # 빨간색: 가로줄(굵기 15)
        pygame.draw.line(SURFACE, (255, 0, 0), (10, 150), (200, 150), 15)

        # 녹색: 세로줄
        pygame.draw.line(SURFACE, (0, 255, 0), (250, 30), (250, 200))

        # 녹색: 빗금(굵기 10)
        start_pos = (300, 30)
        end_pos = (380, 200)
        pygame.draw.line(SURFACE, (0, 0, 255), start_pos, end_pos, 10)

        pygame.display.update()
        FPSCLOCK.tick(3)

if __name__ == '__main__':
    main()
```

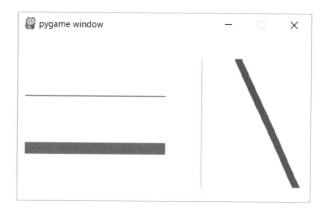

for 문과 합하면 격자 모양의 무늬를 간단하게 그릴 수 있습니다.

```
""" draw _ line2.py """
import sys
import pygame
from pygame.locals import QUIT

pygame.init()
SURFACE = pygame.display.set _ mode((400, 300))
FPSCLOCK = pygame.time.Clock()

def main():
    """ main routine """

    while True:
        for event in pygame.event.get():
            if event.type == QUIT:
                pygame.quit()
                sys.exit()

        SURFACE.fill((0, 0, 0))

        # 하얀색: 세로줄
        for xpos in range(0, 400, 25):
            pygame.draw.line(SURFACE, 0xFFFFFF, (xpos, 0), (xpos, 300))

        # 하얀색: 가로줄
        for ypos in range(0, 300, 25):
            pygame.draw.line(SURFACE, 0xFFFFFF, (0, ypos), (400, ypos))
```

```
        pygame.display.update()
        FPSCLOCK.tick(3)

if __name__ == '__main__':
    main()
```

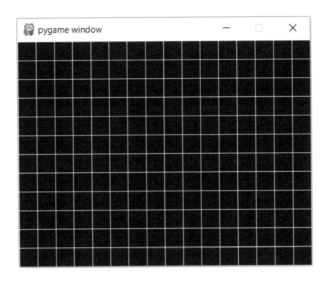

line은 두 점 사이를 잇는 하나의 직선을 긋는 메서드였습니다. lines 메서드를 사용하면 여러 개의 점을 잇는 선을 그릴 수 있습니다.

lines(Surface, color, closed, pointlist, width=1) -> Rect

Surface: 그리는 대상이 되는 화면 (Surface 객체)

color: 색

closed: 시작점을 마지막 점에 이을지 여부

pointlist: 점의 리스트

width: 선 폭

```
""" draw_lines0.py """
import sys
import random
import pygame
from pygame.locals import QUIT

pygame.init()
SURFACE = pygame.display.set_mode((400, 300))
FPSCLOCK = pygame.time.Clock()

def main():
    """ main routine """

    while True:
        for event in pygame.event.get():
            if event.type == QUIT:
                pygame.quit()
                sys.exit()

        SURFACE.fill((0, 0, 0))

        pointlist = []
        for _ in range(10):
            xpos = random.randint(0, 400)
            ypos = random.randint(0, 300)
            pointlist.append((xpos, ypos))

        pygame.draw.lines(SURFACE, (255, 255, 255), True, pointlist, 5)

        pygame.display.update()
        FPSCLOCK.tick(3)

if __name__ == '__main__':
    main()
```

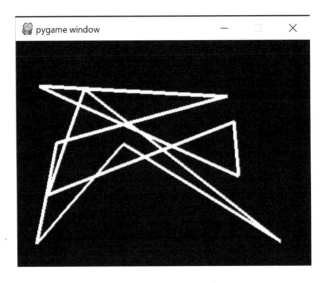

난수로 10개의 점을 생성하고 그 점을 선으로 연결하고 있습니다.

6 폴리곤

폴리곤은 다각형을 의미하는 말입니다. 여러 개의 정점을 이어서 복잡한 형태를 표현할 수 있습니다. 폴리곤은 다음 메서드로 그립니다.

> polygon(Surface, color, pointlist, width=0) -> Rect
> Surface: 그리는 대상이 되는 화면 (Surface 객체)
> color: 색
> pointlist: 점의 리스트
> width: 선 폭(0일 때는 꽉 채워 칠한다)

```
""" draw _ polygon.py """
import sys
from math import sin, cos, radians
import pygame
from pygame.locals import QUIT

pygame.init()
SURFACE = pygame.display.set _ mode((400, 300))
FPSCLOCK = pygame.time.Clock()

def main():
    """ main routine """
```

```python
    while True:
        for event in pygame.event.get():
            if event.type == QUIT:
                pygame.quit()
                sys.exit()

        SURFACE.fill((0, 0, 0))

        pointlist0, pointlist1 = [], []
        for theta in range(0, 360, 72):
            rad = radians(theta)
            pointlist0.append((cos(rad)*100 + 100, sin(rad)*100 + 150))
            pointlist1.append((cos(rad)*100 + 300, sin(rad)*100 + 150))

        pygame.draw.lines(SURFACE, (255, 255, 255), True, pointlist0)
        pygame.draw.polygon(SURFACE, (255, 255, 255), pointlist1)

        pygame.display.update()
        FPSCLOCK.tick(30)

if __name__ == '__main__':
    main()
```

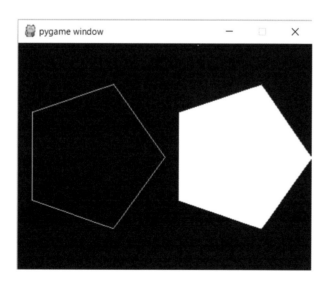

🎮 이미지

「선이나 원 그리기」와 「이미지나 문자 출력」은 크게 다릅니다. 선이나 원은 좌표나 크기를 지정만 하면 그 결과가 화면에 제시됩니다. 한편, 이미지나 문자는 많은 점의 집합입니다. 선, 원과 같은 명령으로 그릴 수 있는 내용이 아닙니다. 그래서 이미지나 문자는 일단 Surface라는 영역에 그리고, 그 Surface를 화면에 복사하는 수순으로 표시됩니다.

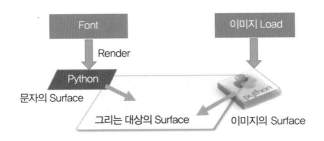

이미지 파일을 로드하는 방법은 다음과 같습니다.

```
load(filename) → Surface
filename: 이미지 파일
```

반환값으로 Surface 객체가 반환됩니다. 화면 전체를 나타내는 다른 Surface에 이 Surface를 복사해서 그립니다. Surface 복사는 blit 명령으로 실행합니다.

```
blit(source, dest, area=None, special_flags=0) -> Rect
source: 원본이 되는 Surface
dest: 복사하는 좌표(왼쪽 위)
area: 복사하는 영역(일부만 그릴 때)
special_flags: 복사할 때의 연산 방법
```

blit은 복사할 곳의 객체 메서드입니다. 복사할 곳과 원본의 관계는 다음과 같습니다.

복사할 곳.blit(원본, (10, 10))

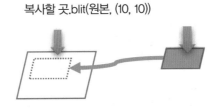

복사할 곳과 원본이 모두 Surface 객체이므로 혼동하지 않도록 주의하세요.

```
""" draw_image1.py """
import sys
import pygame
from pygame.locals import QUIT

pygame.init()
SURFACE = pygame.display.set_mode((400, 300))
FPSCLOCK = pygame.time.Clock()

def main():
    """ main routine """
    logo = pygame.image.load("pythonlogo.jpg")

    while True:
        for event in pygame.event.get():
            if event.type == QUIT:
                pygame.quit()
                sys.exit()

        SURFACE.fill((225, 225, 225))

        # 왼쪽 위의 (20, 50) 위치에 로고를 그린다
        SURFACE.blit(logo, (20, 50))

        pygame.display.update()
        FPSCLOCK.tick(30)

if __name__ == '__main__':
    main()
```

이미지(서플리션)

blit 인수에 영역을 지정해서 원래 이미지의 일부만을 그릴 수도 있습니다.

```
""" draw_image_subregion1.py """
import sys
import pygame
from pygame.locals import QUIT, Rect

pygame.init()
SURFACE = pygame.display.set_mode((400, 200))
FPSCLOCK = pygame.time.Clock()

def main():
    """ main routine """
    logo = pygame.image.load("pythonlogo.jpg")

    while True:
        for event in pygame.event.get():
            if event.type == QUIT:
                pygame.quit()
                sys.exit()

        SURFACE.fill((225, 225, 225))
        SURFACE.blit(logo, (0, 0))
```

```
            SURFACE.blit(logo, (250, 50), Rect(50, 50, 100, 100))

            pygame.display.update()
            FPSCLOCK.tick(30)

if __name__ == '__main__':
    main()
```

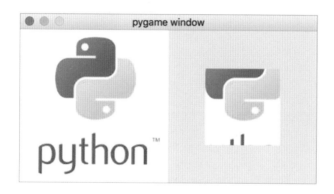

후반의 게임에서는 다음과 같은 이미지를 사용합니다. 이 이미지를 사용해서 여러 개의 캐릭터를 그리는 샘플을 다음에 나타냅니다.

```
""" draw_image_subregion2.py """
import sys
import pygame
from pygame.locals import QUIT, Rect, KEYDOWN, K_LEFT, K_RIGHT

pygame.init()
pygame.key.set_repeat(5, 5)
SURFACE = pygame.display.set_mode((300, 200))
FPSCLOCK = pygame.time.Clock()

def main():
    """ main routine """
    strip = pygame.image.load("strip.png")
    images = []
```

```
    for index in range(9):
        image = pygame.Surface((24, 24))
        image.blit(strip, (0, 0), Rect(index * 24, 0, 24, 24))
        images.append(image)


    counter = 0
    pos_x = 100
    while True:
        for event in pygame.event.get():
            if event.type == QUIT:
                pygame.quit()
                sys.exit()
            elif event.type == KEYDOWN:
                if event.key == K_LEFT:
                    pos_x -= 5
                elif event.key == K_RIGHT:
                    pos_x += 5

        SURFACE.fill((0, 0, 0))

        SURFACE.blit(images[counter % 2 + 0], (50, 50))
        SURFACE.blit(images[counter % 2 + 2], (100, 50))
        SURFACE.blit(images[counter % 2 + 4], (150, 50))
        SURFACE.blit(images[counter % 2 + 6], (200, 50))
        counter += 1

        SURFACE.blit(images[8], (pos_x, 150))

        pygame.display.update()
        FPSCLOCK.tick(5)

if __name__ == '__main__':
    main()
```

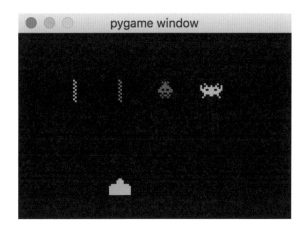

프로그램의 전반 부분에서 strip.png로부터 일부 영역을 잘라내 image에 저장하고, 그 image를 Surface에 복사합니다.

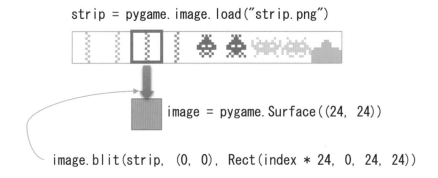

```
strip = pygame.image.load("strip.png")
```
```
image = pygame.Surface((24, 24))
```
```
image.blit(strip, (0, 0), Rect(index * 24, 0, 24, 24))
```

후반부에서는 여러 Surface를 전환해서 그려 애니메이션적인 효과를 연출합니다. 좌우 키로 내 캐릭터를 이동시키고 있는데, 이벤트 처리에 대해서는 나중에 자세히 설명합니다.

🎮 이미지(회전)

이미지를 회전하려면 transform 클래스의 rotate 메서드를 사용합니다. 반환값은 새로운 이미지의 Surface 객체입니다.

> rotate(Surface, angle) → Surface
> Surface: 회전 대상이 되는 Surface
> angle: 회전각

이미지를 회전해서 그리려면 일단 회전한 이미지를 작성하고, 그 이미지를 blit에 복사하는 수순을 밟습니다.

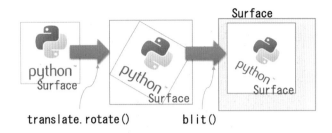

Surface

translate.rotate()　　　blit()

이미지가 회전하는 샘플을 다음에 나타냅니다.

```python
""" draw_image3.py """
import sys
import pygame
from pygame.locals import QUIT


pygame.init()
SURFACE = pygame.display.set_mode((400, 300))
FPSCLOCK = pygame.time.Clock()


def main():
    """ main routine """
    logo = pygame.image.load("pythonlogo.jpg")
    theta = 0

    while True:
        for event in pygame.event.get():
            if event.type == QUIT:
                pygame.quit()
                sys.exit()

        theta += 1

        SURFACE.fill((225, 225, 225))

        # 로고를 회전하고, 왼쪽 위가 (100, 30)인 위치에 로고를 그린다
        new_logo = pygame.transform.rotate(logo, theta)
        SURFACE.blit(new_logo, (100, 30))

        pygame.display.update()
        FPSCLOCK.tick(30)
```

```
if __name__ == '__main__':
    main()
```

여기에서 강조하고 싶은 것은 「회전함으로써 이미지의 가로 세로 크기가 변화한다」는 것입니다. 이 때문에 이미지의 왼쪽 위 좌표를 고정하고 그리면 이미지의 회전 중심이 어긋나고 맙니다.

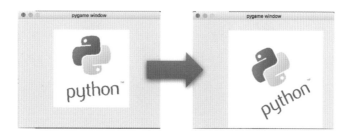

게임에 따라서는 이미지의 중심을 축으로 회전할 때가 많습니다. 이미지의 중심을 축으로써 회전하는 코드를 다음에 나타냅니다.

```
""" draw_image4.py """
import sys
import pygame
from pygame.locals import QUIT

pygame.init()
SURFACE = pygame.display.set_mode((400, 300))
FPSCLOCK = pygame.time.Clock()

def main():
    """ main routine """
    logo = pygame.image.load("pythonlogo.jpg")
    theta = 0

    while True:
        for event in pygame.event.get():
            if event.type == QUIT:
                pygame.quit()
                sys.exit()

        theta += 1
```

```
        SURFACE.fill((225, 225, 225))

        # 로고를 회전하고, 중심이 (200, 150)인 위치에 로고를 그린다
        new_logo = pygame.transform.rotate(logo, theta)
        rect = new_logo.get_rect()
        rect.center = (200, 150)
        SURFACE.blit(new_logo, rect)

        pygame.display.update()
        FPSCLOCK.tick(30)

if __name__ == '__main__':
    main()
```

핵심은 다음 네 줄입니다. transform.rotate로 회전 후의 이미지를 작성합니다. 이 이미지가 차지하는 직사각형을 get_rect() 메서드로 구합니다. 이 직사각형의 프로퍼티에 중심 축의 좌표를 설정하고, 그 Rect를 두 번째 인수에 지정해서 blit를 호출합니다.

```
new_logo = pygame.transform.rotate(logo, theta)
rect = new_logo.get_rect()
rect.center = (200, 150)
SURFACE.blit(new_logo, rect)
```

이러한 수순을 밟음으로써 이미지의 중심을 축으로 회전할 수 있게 됩니다.

■ 문자

문자 출력은 이미지 출력과 비슷합니다. font 객체를 작성하고, render 메서드를 사용해 문자의 비트맵(Surface)을 작성하고, 이미지처럼 blit를 사용해 화면에 복사합니다.

폰트 작성은 SysFont 명령을 사용합니다. 반환 값은 Font 객체입니다.

```
pygame.font.SysFont(name, size, bold=False, italic=False) → Font
name: 폰트명, 기본 폰트를 사용하려면 None을 지정
size: 폰트 크기
bold: 굵은체인지 아닌지, 생략할 때는 False
italic: 이탤릭인지 아닌지, 생략할 때는 False
```

폰트 그리기에는 render 메서드를 사용합니다. 반환값은 Surface 객체입니다.

```
render(text, antialias, color, background=None) -> Surface
text: 그리는 텍스트
antialias: 안티앨리언스(윤곽을 부르럽게)
color: 색
background: 배경색
```

```python
""" draw_text1.py """
import sys
import pygame
from pygame.locals import QUIT

pygame.init()
SURFACE = pygame.display.set_mode((400, 200))
FPSCLOCK = pygame.time.Clock()

def main():
    sysfont = pygame.font.SysFont(None, 72)
    message = sysfont.render("Hello Python", True, (0, 128, 128))
    message_rect = message.get_rect()
    message_rect.center = (200, 100)

    while True:
        for event in pygame.event.get():
            if event.type == QUIT:
                pygame.quit()
                sys.exit()

        SURFACE.fill((255, 255, 255))
        SURFACE.blit(message, message_rect)
        pygame.display.update()
        FPSCLOCK.tick(3)

if __name__ == '__main__':
    main()
```

출력된 결과는 문자지만 Surface를 다루는 방법은 이미지와 다르지 않습니다. 이미지와 같이 회전할 수 있습니다. 회전과 줌을 동시에 하는 rotozoom 메서드를 사용해 봅시다.

rotozoom(Surface, angle, scale) -> Surface
Surface: 회전과 줌을 하는 Surface
angle: 회전각
scale: 줌 배율

```
""" draw_text2.py """
import sys
import pygame
from pygame.locals import QUIT

pygame.init()
SURFACE = pygame.display.set_mode((400, 300))
FPSCLOCK = pygame.time.Clock()

def main():
    sysfont = pygame.font.SysFont(None, 72)
    message = sysfont.render("Hello Python", True, (0, 128, 128))
    message_rect = message.get_rect()
    theta = 0
    scale = 1
    while True:
        for event in pygame.event.get():
            if event.type == QUIT:
                pygame.quit()
                sys.exit()

        SURFACE.fill((255, 255, 255))
```

```
        theta += 5
        scale = (theta % 360) / 180
        tmp_msg = pygame.transform.rotozoom(message, theta, scale)
        tmp_rect = tmp_msg.get_rect()
        tmp_rect.center = (200, 150)
        SURFACE.blit(tmp_msg, tmp_rect)
        pygame.display.update()
        FPSCLOCK.tick(10)

if __name__ == '__main__':
    main()
```

이벤트

게임에서는 무언가를 입력합니다. 여기에서는 pygame을 사용해서 이벤트를 처리하는 방법을 살펴봅시다. 모든 이벤트는 이벤트 큐에서 꺼내지만 그 type 프로퍼티를 보고 이벤트의 종류를 구별할 수 있습니다.

❶ 마우스 클릭

마우스 누르기는 MOUSEBUTTONDOWN입니다. 다음은 클릭한 곳에 점을 그리는 샘플입니다.

```
""" draw_circle_onclick.py """
import sys
import pygame
from pygame.locals import QUIT, MOUSEBUTTONDOWN

pygame.init()
```

```python
SURFACE = pygame.display.set _ mode((400, 300))
FPSCLOCK = pygame.time.Clock()


def main():
    """ main routine """
    mousepos = []

    while True:
        SURFACE.fill((255, 255, 255))

        for event in pygame.event.get():
            if event.type == QUIT:
                pygame.quit()
                sys.exit()
            elif event.type == MOUSEBUTTONDOWN:
                mousepos.append(event.pos)

        #for i, j in mousepos:
        #    pygame.draw.circle(SURFACE, (0, 255, 0), (i, j), 5)
        for pos in mousepos:
            pygame.draw.circle(SURFACE, (0, 255, 0), pos, 5)

        pygame.display.update()
        FPSCLOCK.tick(10)

if __name __== ' __main __':
    main()
```

마우스 좌표는 event.pos로 구할 수 있습니다. 이 값은 (x, y)로 된 튜플입니다. append 메서드를 사용해서 그 튜플을 리스트 mousepos에 추가합니다. 나머지는 for 문으로 하나 하나 좌표를 꺼내고 circle

로 원을 그립니다. for 문에서는 하나의 튜플을 두 개의 변수로 일괄해서 꺼내는 것에 주목하세요. circle의 세 번째 인수는 좌표면 되고, 다음과 같이 해도 같은 결과입니다.

```
for pos in mousepos:
    pygame.draw.circle(SURFACE,(0, 255, 0), pos, 5)
```

② 마우스의 이동

마우스 입력은 MOUSEBUTTONDOWN, 마우스 이동은 MOUSEMOTION, 마우스 해제는 MOUSEBUTTONUP입니다. 이러한 이벤트를 사용해서 마우스 궤적을 그립니다.

```python
""" draw_line_onmousemove.py """
import sys
import pygame
from pygame.locals import QUIT,
    MOUSEBUTTONDOWN, MOUSEMOTION, MOUSE BUTTONUP

pygame.init()
SURFACE = pygame.display.set_mode((400, 300))
FPSCLOCK = pygame.time.Clock()

def main():
    """ main routine """
    mousepos = []
    mousedown = False

    while True:
        for event in pygame.event.get():
            if event.type == QUIT:
                pygame.quit()
                sys.exit()
            elif event.type == MOUSEBUTTONDOWN:
                mousedown = True
            elif event.type == MOUSEMOTION:
                if mousedown:
                    mousepos.append(event.pos)
            elif event.type == MOUSEBUTTONUP:
                mousedown = False
```

```
                mousepos.clear()

        SURFACE.fill((255, 255, 255))
        if len(mousepos) > 1:
            pygame.draw.lines(SURFACE, (255, 0, 0), False, mousepos)

        pygame.display.update()
        FPSCLOCK.tick(10)


if __name__ == '__main__':
    main()
```

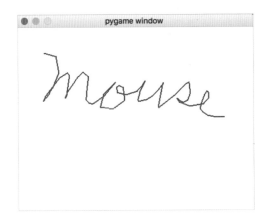

MOUSEBUTTONDOWN으로 mousedown을 True, MOUSEBUTTONUP으로 mousedown을 False로 합니다. 이로써 mousedown이 True일 때는 마우스가 눌리게 됩니다.

마우스를 누르는 중에 마우스가 이동하면 「mousepos.append(event.pos)」로 그 좌표를 리스트에 저장합니다. 좌표의 개수가 두 개 이상이 되었을 때 lines 메서드로 궤적을 그립니다.

lines(Surface, color, closed, pointlist, width=1) → Rect
Surface: 그리는 대상이 되는 Surface
color: 색
closed: 시작점과 마지막점을 이을지 여부
pointlist: 좌표 리스트
width: 선 폭

참고로, 다음과 같이 더욱 매끄러운 선을 그리기 위한 방법도 있습니다.

```
aalines(Surface, color, closed, pointlist, blend=1) -> Rect
Surface: 그리는 대상이 되는 Surface
color: 색
closed: 시작점과 마지막점을 이을지 여부
pointlist: 좌표 리스트
blend: 섞는지 아닌지
```

마지막 인수 blend를 True로 하면 단순한 덮어쓰기가 아니라 섞은 상태로 그리기가 진행됩니다.

❸ 키 누르기

키 누르기는 KEYDOWN 이벤트로 판별합니다. 어떤 키가 눌렸는지는 이벤트의 key 프로퍼티를
보면 알 수 있습니다. 키 코드는 pygame.locals에 정의돼 있습니다.

```python
""" draw_image_onkeydown.py """
import sys
import pygame
from pygame.locals import QUIT, KEYDOWN,\
    K_LEFT, K_RIGHT, K_UP, K_DOWN

pygame.init()
pygame.key.set_repeat(5, 5)
SURFACE = pygame.display.set_mode((400, 300))
FPSCLOCK = pygame.time.Clock()

def main():
    """ main routine """
    logo = pygame.image.load("pythonlogo.jpg")
    pos = [200, 150]
    while True:
        for event in pygame.event.get():
            if event.type == QUIT:
                pygame.quit()
                sys.exit()
            elif event.type == KEYDOWN:
                if event.key == K_LEFT:
                    pos[0] -= 5
                elif event.key == K_RIGHT:
                    pos[0] += 5
```

```
                elif event.key == K_UP:
                    pos[1] -= 5
                elif event.key == K_DOWN:
                    pos[1] += 5


        pos[0] = pos[0] % 400
        pos[1] = pos[1] % 300

        SURFACE.fill((225, 225, 225))

        rect = logo.get_rect()
        rect.center = pos
        SURFACE.blit(logo, rect)

        pygame.display.update()
        FPSCLOCK.tick(30)


if __name__ == '__main__':
    main()
```

상하좌우 키를 누르면 로고가 이동합니다.

「pygame.key.set_repeat(5, 5)」는 키를 누르고 뗄 때 이벤트를 정기적으로 발생시키기 위한 것입니다.

이번 코드의 핵심은 다음 부분입니다.

```
elif event.type == KEYDOWN:
    if event.key == K_LEFT:
        pos[0] -= 5
    elif event.key == K_RIGHT:
        pos[0] += 5
    elif event.key == K_UP:
        pos[1] -= 5
    elif event.key == K_DOWN:
        pos[1] += 5
```

event.type이 KEYDOWN이라면 키가 입력된 것입니다. 그때는 어느 키가 눌렸는지 event.key를
조사합니다. 그 값에 따라서 이미지의 중심 좌표 pos를 증감합니다. 다음 코드는 이미지의 끝에 도
달했을 때 반대 측에서부터 되돌아오기 위한 처리입니다.

```
pos[0] = pos[0] % 400
pos[1] = pos[1] % 300
```

🎮 화면을 다시 그리기

여기까지 여러 가지 그리기 명령에 대해서 살펴봤습니다. 다음 처리를 프레임마다 반복했습니다. 프레
임마다 배경을 빈틈없이 채우지 않으면 이전 프레임에서 그린 내용이 남기 때문입니다.

> 화면 전체를 클리어(배경색으로 빈틈없이 채운다)
> 대상이 되는 요소를 전부 그린다

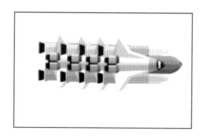

연습 ··· 지금까지의 샘플에서 SURFACE.fill((···))을 삭제하고 실행해 봅시다.

화면상에서 이미지 변화가 적은 경우, 프레임마다 다시 그리는 건 불필요한 작업입니다. 이동이 있던
곳 만을 기억해 놓고 그곳 만을 다시 쓰는 처리를 하면 처리 효율이 향상됩니다. 그러나 이번 샘플에
서는 간결함을 우선으로 했으므로 프레임마다 배경을 클리어하는 기법을 취하기로 했습니다.

Chapter 05 기타 알아 둘 사항

게임에서는 각도를 다룰 일이 많습니다. 그럴 때 편리한 것이 삼각함수입니다. 삼각함수의 응용범위는 매우 넓기 때문에 꼭 익혀 둡시다. 또한, 프로그램이 아무 문제없이 동작하는 경우는 별로 없습니다. 꼭 수정 작업이 필요합니다. 그럴 때 도움이 되는 것이 디버거입니다. 이 장에서는 삼각함수의 기초, 오류를 찾아내는 툴 [디버거] 사용법 등 반드시 알아 둘 사항에 대해서 설명합니다.

1 ː 삼각함수의 기초

게임에서는 삼각함수 sin/cos을 자주 이용합니다. 어떤 물체가 방향과 크기를 가지고 이동할 때, 각도와 속도로 관리하는 편이 간단합니다. 그러나 그릴 때는 x, y 좌표로 변환해야 합니다. 각도와 속도로부터 x, y 좌표로 변환할 때 삼각함수를 사용합니다. 여기에서는 기본적인 설명으로 채웁니다. 구체적인 사용 방법은 각 게임의 설명을 참조하세요.

▣ 라디언

수학에서 한 바퀴는 360도입니다. 「당연한 이야기」라고 느낄지도 모르지만 컴퓨터의 세계에서는 한 바퀴가 360도라고 할 수는 없습니다. 반대로 360도가 아니라 2π로 하는 것이 일반적입니다. 이 단위가 라디언입니다.

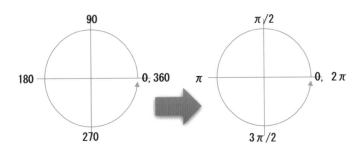

우리에게 익숙한 360도에서 라디언으로 변환하는 건 귀찮게 느껴질지도 모르지만, 파이썬에는 변환을 하기 위한 함수가 준비돼 있습니다.

라디언 = math.radians(도)

다음에 설명하는 sin/cos에서는 인수의 각도를 라디언 단위로 줘야 합니다. 익숙해질 때까지는 「math.radians(도)를 사용해 도를 라디언으로 변환하면 된다」를 기억하면 문제 없습니다.

▣ sin/cos

sin/cos과 삼각함수는 고등학교 수학의 범위입니다. 어려울 것 같지만 책에서 다루는 내용은 간단합니다. 단순히 방향과 크기를 가진 값을 x 축, y 축 성분으로 변환할 뿐입니다.

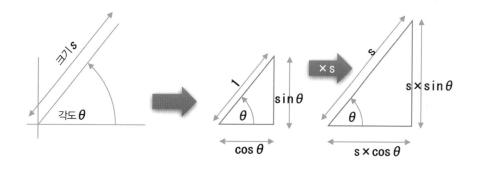

어떤 크기 s, 방향이 θ인 움직임이 있었다고 합시다. 이것을 x 축 방향, y 축 방향 성분으로 분해할 때에 삼각함수가 활약합니다. 크기가 1일 때, x 축 방향은 cosθ, y 축 방향은 sin θ가 됩니다.

크기가 s가 되면, x 축도 y 축도 s 배 하면 됩니다.

삼각함수를 사용한 예를 살펴봅시다.

```
""" draw_lines1.py """
import sys
from math import sin, cos, radians
import pygame
from pygame.locals import QUIT

pygame.init()
SURFACE = pygame.display.set_mode((400, 300))
FPSCLOCK = pygame.time.Clock()

def main():
```

```
""" main routine """

while True:
    for event in pygame.event.get():
        if event.type == QUIT:
            pygame.quit()
            sys.exit()

    SURFACE.fill((0, 0, 0))

    pointlist0, pointlist1 = [], []
    for theta in range(0, 720, 144):
        rad = radians(theta)
        pointlist0.append((cos(rad)*100 + 100, sin(rad)*100 + 150))
        pointlist1.append((cos(rad)*100 + 300, sin(rad)*100 + 150))

    pygame.draw.lines(SURFACE, (255, 255, 255), True, pointlist0, 5)
    pygame.draw.aalines(SURFACE, (255, 255, 255), True, pointlist1)

    pygame.display.update()
    FPSCLOCK.tick(3)

if __name__ == '__main__':
    main()
```

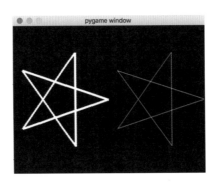

별 모양을 그리려면 144도씩 회전한 좌표를 구해서 그것을 차례로 선으로 연결합니다. 그 각도의 증분 처리를 하고 있는 것이 「for theta in range(0, 720, 144)」입니다.

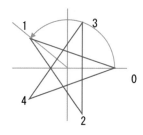

다음은 각도를 라디언으로 변환하고, sin/cos을 사용해 좌표를 구하고 배열에 추가합니다.

```
rad = radians(theta)
pointlist0.append((cos(rad)*100 + 100, sin(rad)*100 + 150))
pointlist1.append((cos(rad)*100 + 300, sin(rad)*100 + 150))
```

마지막으로 lines와 aalines를 사용해 그립니다.

2 × 디버깅

「디버거를 지배하는 사람이 프로그램을 지배한다」라고 해도 과언이 아닐 정도로 디버거를 잘 다루는 것은 아주 중요한 스킬이라고 생각합니다. 오류를 찾아낼 때는 물론, 코드를 읽을 때에도 디버거를 이용할 수 있습니다.

일단 프로그램 실행을 시작하면 그 안에서 무슨 일이 일어나고 있는지는 모릅니다. 게다가 순식간에 처리가 끝납니다. 의도하지 않는 움직임이었다면, 프로그램의 소스 코드를 보기만 해서는 원인을 찾아내기가 매우 어렵습니다.

그래서 디버거가 필요합니다. 디버거를 사용하면 소스 코드를 한 줄씩 실행할 수 있는 것뿐만 아니라 그때의 변수값을 조사하거나 함수의 호출 이력을 볼 수도 있습니다. 문제가 있는 부분을 찾기 위해서는 필수 도구입니다.

여기에서는 IDLE로 디버깅하는 방법을 소개합니다. IDLE은 매우 간단하므로 개발 효과는 별로 없습니다. 어느 정도 익숙해지면 여러 가지 개발 환경을 시험해 보길 추천합니다.

디버깅의 기본적인 조작이나 사고방식은 어떤 도구나 같습니다. 기본적인 사고방식을 알아 두면 다른 개발 환경도 바로 습득할 수 있을 것입니다.

우선 디버깅 작업에서 중요한 키워드를 나열합니다.

- **브레이크 포인트**

프로그램의 실행을 일시적으로 정지하는 위치입니다.

- **스텝 실행**

프로그램을 조금씩 실행하는 방법입니다. 함수의 실행 방법에 따라서 세 가지 방법이 있습니다.

- **스텝인**: 다음 명령을 실행합니다. 다음 명령이 함수라면, 그 함수의 맨 앞으로 이동합니다.
- **스텝 오버**: 다음 명령을 실행합니다. 다음 명령이 함수라면, 그 함수를 실행하고 다음 처리로 이동합니다.
- **스텝 아웃**: 지금 함수의 나머지를 모두 실행하고 그 호출한 곳으로 이동합니다.

- **콜 스택**

어떤 함수를 실행해서 현재의 상황에 도착했는가 하는 실행 이력입니다.

- **지역 변수**

현재 실행 중인 함수 내부에서 선언된 변수입니다. 디버거에는 이 값을 볼 수 있는 기능이 있습니다

- **전역 변수**

전역으로 선언된 변수입니다. 디버거에는 이 값을 볼 수 있는 기능이 있습니다.

디버거도 역시 직접 해보고 기억하는 것이 최고입니다. 다음과 같은 간단한 프로그램을 사용해서 이러한 기능을 시험해 봅시다.

```python
""" debug _ test0.py """
def add(a, b):
    c = a + b
    return c


def main():
    x = 3
    y = 5
    z = add(x, y)
    print(z)


if __name__ == '__main__':
    main()
```

맥OS에서 사용

(1) Launchpad → 기타 → 터미널을 실행하고, 「idle3」라고 입력해서 IDLE를 실행합니다.

(2) 「Debug」 메뉴에서 「Debugger」를 선택합니다.

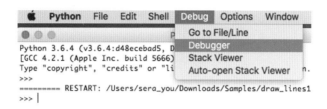

(3) Debug 컨트롤이 표시되므로 모든 체크박스를 ON으로 합니다.

(4) 파일을 열고 실행하면 다음과 같은 화면입니다.

소스 코드가 표시되고 있는 윈도에서 실행하세요. 디버그가 ON이 돼 있으므로 맨 앞 줄에서 실행이 멈춘 상태입니다. 거기서 스텝인 버튼 Step을 누르세요. 아래 그림처럼 한 줄씩 코드가 실행되는 것을 알 수 있습니다.

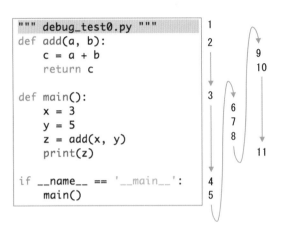

겨우 이것 만으로도 여러 가지를 알 수 있습니다.

- 스텝 2나 3처럼 함수 선언은 위부터 순서대로 처리되는 것(그 시점에서 add나 main은 실행돼 있지 않는 것에 주의)

- 스텝 4의 if 문이 전역 코드로 스텝5부터 실제 처리인 main 함수가 시작되는 것

- 스텝 6, 7, 8 같은 main 함수의 실행 시에는 디버깅 윈도의 지역 변수 영역에 변수 x, y, z 값이 표시되는 것

- add 함수 실행 시에는 함수 내의 지역 변수가 표시되면 동시에 콜 스택에 함수의 호출 이력이 표시돼 있는 것

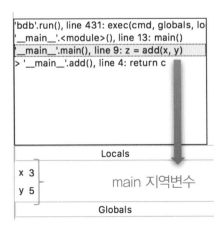

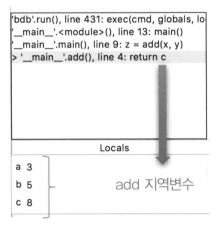

콜 스택을 바꾸면 그 범위의 지역 변수 값을 표시할 수 있는 것에도 주목해주세요.

전역 변수 표시 영역에는 전역 변수에 관한 정보가 표시돼 있는 것. 이번 샘플 프로그램에서는 전역 변수를 활용하지 않지만 add나 main과 같은 함수도 전역으로 정의된 것을 알 수 있습니다.

스텝 아웃 버튼 「Out」으로 현재 실행 중인 함수 처리를 다하고 호출한 곳으로 되돌아가는 것, 함수 호출 시에 스텝 오버 버튼 「Over」로 함수를 실행할 수 있는 깃 등 다양하게 시험해 보세요.

프로그램이 짧으면 전부 스텝 실행으로도 좋을 지도 모르겠지만, 규모가 크거나 루프를 많이 사용하는 프로그램에서는 브레이크 포인트가 있어야 합니다. 다음은 100까지 수치의 합계를 구하는 코드입니다. 스텝 실행을 하면 루프를 100회 반복해야만 합니다.

```python
""" debug_test1.py """
def main():
    total = 0
    for index in range(100):
        total += index
    print(total)


if __name__ == '__main__':
    main()
```

그래서 실행을 중지할 문에 중단점을 설정합니다. 여기에서는 print 문으로 커서를 이동하고, 거기에서 우클릭해서 컨텍스트 메뉴에서 Set Breakpoint를 선택합니다.

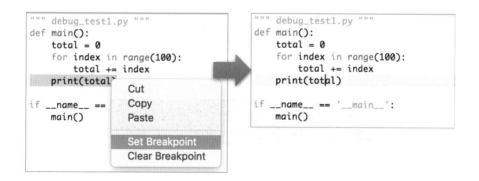

브레이크 포인트가 설정된 부분이 하이라이트 표시됩니다. 이 상태에서 디버깅을 시작합니다. 디버거가 설정돼 있으므로 첫 행에서 실행이 정지합니다. 이 상태에서 Go 버튼을 누르면 실행이 시작되고 중단점을 설정한 위치에서 실행이 정지합니다.

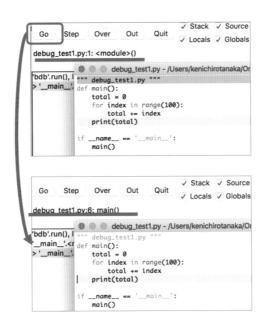

지역변수를 보면 index에 99, total에 4950이라는 값이 저장돼 있는 것을 확인할 수 있습니다.

이처럼 브레이크 포인트를 사용하면 임의의 위치까지 실행하고 정지시킬 수 있습니다. 의심스러운 함수와 메서드가 있을 때는 그 위치의 상태를 순식간에 조사할 수 있어 매우 편리합니다.

■ 윈도에서의 사용

(1) 명령 프롬프트를 실행하고 「idle」이라고 입력합니다.

(2) 「Debug」 메뉴에서 「Debugger」를 선택합니다.

(3) Debug Control 패널에서 모든 체크박스를 ON으로 합니다.

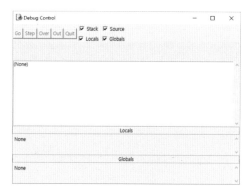

(4) 나머지는 파일 메뉴에서 파일을 열고 실행할 뿐입니다. 디버거의 조작 방법은 맥과 같습니다.

🖥 기타 디버깅 환경

파이썬에서 이용할 수 있는 통합 개발환경을 몇 가지 소개합니다.[5] PyCharm, Spyder 등의 통합 개발환경과 Visual Studio Code 등의 높은 기능의 에디터를 사용하면 효율적으로 디버깅 할 수 있습니다. 어떤 툴을 사용할지는 개인의 기호에 따라 다릅니다 모두 윈도, 맥OS, 리눅스에서 이용할 수 있습니다.

① Spyder

Anaconda를 설치하면 그 안에 포함돼 있습니다.

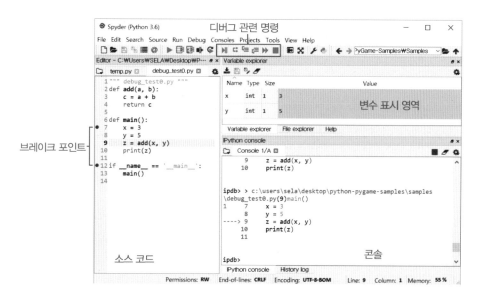

---

5 2018년 시점의 화면 캡처이므로 자주 갱신될 것이 예상됩니다. 그 밖에도 많은 개발환경이 있으니 여러 가지를 알아보세요.

❷ PyCharm

유료인 Professional Edition과 무료인 Community Edition이 있습니다.

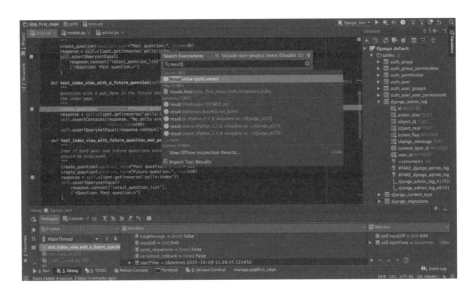

❸ Visual Studio Code

Microsoft사의 높은 기능을 갖춘 프로그래밍 에디터입니다. 파이썬용의 확장 기능을 설치함으로써
디버거로 이용할 수 있습니다.

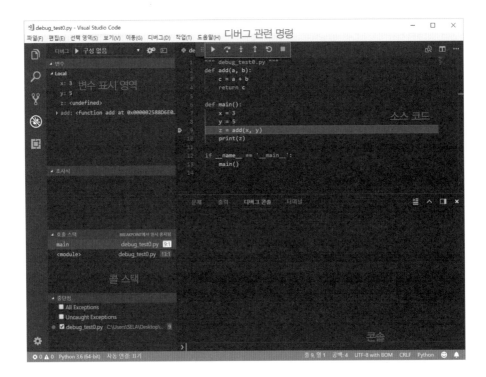

3 ː 범위

범위(스코프; Scope)란 「변수가 사용할 수 있는 범위」입니다. 변수는 선언된 장소에 따라 다음 중 한 가지로 분류됩니다.

❶ 전역(글로벌) 변수

함수 선언 밖에서 정의된 변수. 모든 장소에서 접근할 수 있다.

❷ 지역(국소, 로컬) 변수

함수 선언 안에서 정의된 변수. 그 함수의 안에서만 접근할 수 있다.

파이썬에서는 변수 선언을 명시적으로 할 필요는 없으므로 「변수를 사용한 장소」 = 「변수가 선언된 장소」라고 생각하세요. 함수 밖이 전역 변수, 안이 지역 변수입니다. 다음 코드를 보세요. 어느 것이 전역 변수, 어느 것이 지역 변수인지 알겠나요?

```
...
pygame.init()
SURFACE = pygame.display.set_mode((400, 300))
FPSCLOCK = pygame.time.Clock()

def main():
    """ main routine """
        logo = pygame.image.load("pythonlogo.jpg")

        while True:
            for event in pygame.event.get(QUIT):
                pygame.quit()
                sys.exit()

        SURFACE.fill((225, 225, 225))

        # (200, 150)가 중심이 되게 로고를 그린다
        rect = logo.get_rect()
        rect.center = (200, 150)
...
        FPSCLOCK.tick(30)
```

함수는 main(), 하나뿐입니다. 이 바깥쪽에서 사용되는 변수는 전역 변수입니다. 이 예에서는 SURFACE와 FPSCLOCK이 해당됩니다. logo, rect, event는 지역 변수입니다. 여기에서 main() 안에서 SURFACE.fill(···)이나 FPSCLOCK.tick(···)처럼 전역 변수에 접근하고 있습니다. 함수 안에서 전역 변수로 접근할 수 있다는 것을 알 수 있습니다.

함수의 안과 밖을 인식하는 것은 매우 중요합니다. 함수 밖에 있는 코드를 「전역 코드」라고 부릅니다. 전역 코드는 위에서부터 차례로 실행됩니다. 한편, 함수는 호출될 때까지는 실행되지 않습니다.

디버거 설명에서 사용한 예에서는 함수 add와 main이 선언돼 있었습니다. 파일을 위부터 읽는 도중에 add나 main이 실행되지 않습니다. 파일 마지막에 main()이 있는데 이 함수를 호출함으로써 처음으로 함수 main()이 실행되는 것입니다. 함수 선언과 함수 실행을 혼동하지 않도록 주의하세요.

함수 안에서 전역 변수로 접근할 때에는 주의를 해야 합니다. 값을 참조하는 경우와 값을 대입하는 경우에 동작이 달라지기 때문입니다.

다음 예에서는 say()와 main() 안에서 전역 변수 message를 참조하고 그 내용을 출력합니다.

```
""" scope0.py """
message = "Hello"

def say():
    print("say:message="+message)

def main():
    say()
    print("main:message="+message)

if __name__ == '__main__':
    main()
```

say:message = Hello
main:message = Hello

모두 같은 메시지를 참조하고 있어서 출력 결과도 같습니다.

정말로 같은 변수를 참조하고 있는지 확인해 봅시다. id()는 객체의 식별자를 반환하는 내장함수 (built-in function) 입니다. 같은 값이면 같은 객체를 의미합니다.

```
""" scope1.py """
message = "Hello"


def say():
    print("say:message="+message)
    obj_id = id(message)
    print("say:id(message)={0:d}".format(obj_id))


def main():
    say()
    print("main:message="+message)
    obj_id = id(message)
    print("say:id(message)={0:d}".format(obj_id))


if __name__ == '__main__':
    main()
```

say:message = Hello

say:id(message) = 56442464

main:message = Hello

say:id(message) = 56442464

같은 수치이므로 같은 객체임이 확인되었습니다. 이처럼 함수 안에서 전역 변수를 참조(Read)만 하면 특별히 문제는 없습니다.

그럼 함수 안에서 전역 변수를 다시 써(Write) 봅시다.

```
""" scope2.py """
message = "Hello"


def say():
    message = "Hi"
    print("say:message="+message)


def main():
    say()
    print("main:message="+message)
```

```
if __name__ == '__main__':
    main()
```

say:message=Hi

main:message=Hello

함수 say() 안에서 message를 「Hi」라고 다시 지정하고 있습니다. 그러나 그 후 main()에서 message
는 원래의 「Hello」라고 출력되고 있습니다. 왜 그럴까요? id()를 사용해 조사해봅시다.

```
""" scope3.py """
message = "Hello"

def say():
    message = "Hi"
    print("say:message="+message)
    obj _ id = id(message)
    print("say:id(message)={0:d}".format(obj _ id))

def main():
    say()
    print("main:message="+message)
    obj _ id = id(message)
    print("main:id(message)={0:d}".format(obj _ id))

if __name__ == '__main__':
    main()
```

say:message=Hi

say:id(message)=62406304

main:message=Hello

main:id(message)=62406176

say() 안의 message와 main() 안의 message에서는 식별자가 다릅니다. 즉, 이것들은 다른 객체입니다.
따라서 say() 안에서 message를 다시 쓰더라도 main() 안의 문자열이 바뀌지 않습니다. 디버거를 사용
해도 확인할 수 있습니다. say() 안의 print()에 브레이크 포인트를 설정해서 실행해주세요.

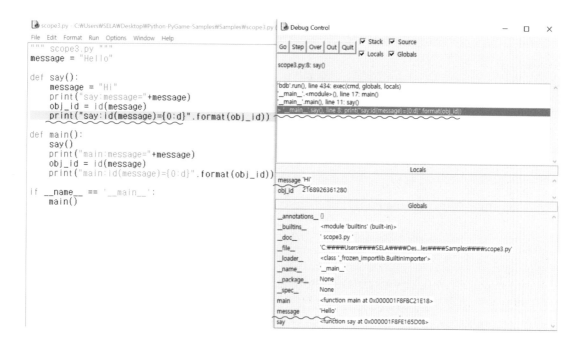

이 상태에서(=콜 스택(호출 이력)이 say()에 있는 상태)로 Locals와 Globals을 보면 각각에 message 변수가 있고 다른 값을 보유하고 있는 것을 확인할 수 있습니다.

이것으로부터 함수 안에서 전역 변수와 같은 이름의 변수에 값을 대입하면 전역 변수가 아닌 같은 이름의 지역 변수가 새로 만들어지는 것을 알 수 있습니다. 지역 변수이므로 함수를 빠져 나가면 그 변수는 삭제됩니다.

전역 변수는 간편하고 편리합니다. 값을 참조할 뿐이라면 그다지 문제는 일어나지 않습니다. 그러나 여러 곳에서 값을 수정하면 누가 언제 어떤 값을 써 넣은 것인지 알 수 없게 되고, 버그의 온상이 되기 쉽습니다. 그래서 파이썬은 다음과 같은 사양으로 돼 있습니다.

- 함수 안에서 전역 변수 참조(Read)는 문제없이 실시할 수 있다.
- 함수 안에서 전역 변수와 같은 이름의 변수에 대입(Write)하면 전역 변수를 다시 쓰는 것이 아니라 같은 이름의 지역 변수가 작성된다. 즉, 전역 변수를 다시 쓰지 않는다.

이렇다고 해도 함수 안에서 지역 변수의 값을 다시 쓸 수 없는 것도 불편합니다. 위험성을 인식한 다음에 사용해도 좋을 것입니다. 그래서 파이썬에서는 「전역 변수를 의도적으로 다시 쓴다」라는 의사 표명을 하면 전역 변수를 그대로 사용할 수 있는 시스템을 준비해 주었습니다. 이것이 global 명령입니다.

```
"""  scope4.py  """
message = "Hello"

def say():
    global message
    message = "Hi"
    print("say:message="+message)
    obj_id = id(message)
    print("say:id(message)={0:d}".format(obj_id))

def main():
    say()
    print("main:message="+message)
    obj_id = id(message)
    print("main:id(message)={0:d}".format(obj_id))

if __name__ == '__main__':
    main()
```

say:message=Hi

say:id(message)=55066272

main:message=Hi

main:id(message)=55066272

say() 안에서 「global message」라고 선언하고 있습니다. 이것이 「전역 변수 message를 함수 안에서 변경한다」는 선언입니다. 이렇게 함으로써 함수 안에서 전역 변수의 값을 그대로 사용할 수 있게 됩니다.

가능하면 global은 사용하지 않고 끝내면 좋겠죠. 다만 절대로 피해야 하는 것도 아닙니다. 균형을 잡으면서 적절하게 사용하는 것이 좋다고 생각합니다.

Chapter
06 객체지향

현재 주류인 프로그래밍 언어는 대부분 객체지향에 대응합니다. 여기에서는 객체지향이라는 사고방식에 대해서 설명합니다. 객체지향이라는 사고방식에는 익숙해져야 합니다. 한 번만 읽어서는 이해하기 어려울 수도 있습니다. 만약 잘 이해가 안 되어도 포기하지 말고 반복해서 읽고 익숙해지길 바랍니다.

1 ┊ 프로퍼티와 메서드

오브젝트(object)를 직역하면 「물건·물체」입니다. 주위에는 온갖 물건이 넘쳐납니다. 물건에 둘러싸인 사람에게 물건은 친해지기 쉬운 대상입니다. 물건이라는 개념을 프로그래밍 세계에 적용하는 것이 객체지향입니다. 이것만으로는 잘 모르겠죠?

물건에는 색, 무게, 형태, 재질 등 다양한 특징이 있습니다.

연필	색: 검은색, 길이: 10㎝, 무게: 25g, 재질: 목재와 흑연
차	색: 실버, 길이: 5m, 무게: 950kg, 재질: 금속
TV	색: 검은색, 크기: 40인치, 재질: 플라스틱과 금속

연습 ··· 주변에 있는 물건의 특징을 열거해 봅시다

또 물건은 어떤 조작을 할 수 있습니다.

연필	쓴다, 깎는다, 돌리면서 논다….
차	엑셀을 밟는다, 브레이크를 밟는다, 핸들을 돌린다, 라이트를 켠다….
TV	전원을 켜고 전원을 끄고, 채널을 바꾸고 음량을 바꾼다….

객체지향 언어에서는 물건을 「객체(오브젝트)」 혹은 「인스턴스」로 부릅니다. 또한, 물건의 특징을 「프로퍼티」, 물건을 조작하는 처리를 「메서드」라고 부릅니다.

일상에서의 용어	객체지향에서의 용어
물건	객체, 또는 인스턴스
물건의 특징	프로퍼티
물건의 조작	메서드

프로퍼티나 메서드에는 대상이 되는 물건(객체)이 빠질 수 없습니다. 연필의 길이를 구하려면 그 대상이 되는 연필이 있어야 길이를 구할 수 있습니다. 대상이 되는 연필이 없으면 쓸 수 없습니다. TV가 없다면 TV의 전원을 켤 수 없습니다.

한편 「버린다」는 동작을 생각해 봅시다. 이것은 특정 물건에 관련된 조작은 아닙니다. 연필을 버릴 수도 있고, TV를 버릴 수도 있습니다.

이처럼 메서드와 프로퍼티에는 객체가 필수입니다. 파이썬에서 메서드나 프로퍼티에 접근하는 경우는 다음과 같이 기술합니다. 객체 변수가 아니면 접근도 호출도 할 수 없습니다.

프로퍼티로의 접근: 객체 변수 . 프로퍼티명

메서드 호출: 객체 변수 . 메서드명 ()

한편 일반적인 함수는

함수명()

으로 호출합니다. 객체 변수가 없어도 실행할 수 있습니다.

4장에서 「리스트로의 추가와 삭제에서는 호출하는 함수의 종류가 다르다」는 이야기를 했습니다.

```
>>> data = [1, 2, 3]
>>> data.append(4)
>>> data
[1, 2, 3, 4]
>>> del data[2]
>>> data
[1, 2, 4]
```

리스트 data에 요소를 추가하려면, 조작 대상이 되는 data를 명시적으로 지정해서 거기에 요소를 추가합니다. 사실은 리스트도 객체였던 것입니다.

```
data.append(4)
```

data는 객체 변수, append가 메서드입니다. 메서드는 객체에 관련된 함수입니다. 메서드를 호출하므로 ()를 붙입니다. 보통 함수와 같이 괄호 안에 인수를 지정할 수 있습니다. 참고로, data에 포함되는 요소의 개수를 data.length로 구할 수 있지만, 이것은 length 프로퍼티로의 접근과 다름 없습니다.

한편 del로 소거하는 대상은 리스트에 한정되지 않습니다. 이번은 인수에 리스트를 전달하지만 리스트 이외의 요소도 지정할 수 있습니다. 일반적인 함수에 가까운 사용법을 할 수 있습니다.[6]

2 클래스와 객체(인스턴스)

이 세상에 똑같은 연필은 없습니다. 같은 회사의 같은 제품 번호의 연필이라 해도 A가 쓰는 연필과 B가 쓰는 연필은 다릅니다. TV도 마찬가지입니다. 제품 번호는 같지만 A의 집에 있는 TV와 B의 집에 있는 TV는 다른 개체입니다. 이와 같이 개개의 물체는 하나로서 같은 것은 아닙니다. 이러한 각각의 물체가 객체에 해당합니다. 객체는 「인스턴스」라고 하기도 합니다.

다만, 다른 물건인 같은 제품 번호의 TV는 같은 특징과 기능을 가지고 있습니다. 제품 번호를 알면 어떠한 기능과 특징을 갖고 있는지 알 수 있습니다. 각각의 객체를 추상화한 것을 「클래스」라고 합니다. 클래스는 실체가 아닌 추상적인 개념입니다.

일상 생활에서는 객체와 클래스를 구별할 필요가 별로 없어서 혼란스러울 수 있습니다. 다른 예로 붕어빵이 있다고 합시다. 각 붕어빵은 객체입니다. 모든 붕어빵은 다른 개체이지만, 붕어빵을 찹쌀

---

6 del은 ()를 붙이지 않고도 호출할 수 있습니다. 함수보다는 문이라고 할 수 있습니다.

떡으로 오인하는 사람은 없습니다. 붕어빵에는 공통의 특징이 있고, 그 특징이 있기 때문에 다른 과자와 구별할 수 있습니다. 이 공통의 특징이 클래스에 해당합니다. 반복하는데, 클래스는 실체가 아닙니다.

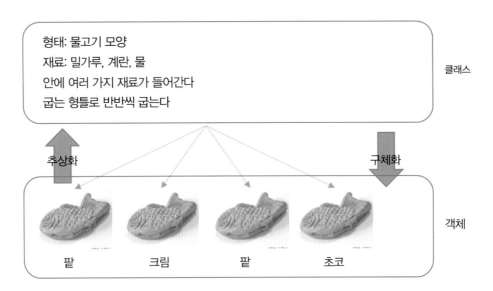

객체지향 언어에서는 클래스라는 정보를 바탕으로 객체를 만듭니다. 꼭 붕어빵 형틀에서 붕어빵을 양산하는 듯한 이미지입니다. 객체를 만들기 위한 전용 함수를 「컨스트럭터(생성자)」라고 부릅니다.

3 × 상속의 개념

오디오, TV, 에어컨, 전자레인지, 조명등의 전기제품에는 반드시 스위치가 있습니다. 스위치를 ON 으로 하면 전원이 들어가고 OFF로 하면 전원이 끊어집니다. "당연한 이야기를!"이라고 생각할지도 모릅니다만, 이 사고방식은 중요합니다. 다양한 제품을 전자제품이라는 개념으로 추상화합니다. 카메라 판매점에 가서 "전자제품 주세요"라는 사람은 없습니다. 전자제품은 추상화된 개념이며, 구체적인 것은 아니기 때문입니다.

모든 가전을 전자제품이라는 하나의 개념으로 추상화할 수도 있지만 순서를 밟아 추상화하면 편리합니다. TV나 오디오는 AV 기기입니다. 반드시 음량 조절 기능이 있습니다. 한편 계절가전에는 온도 조절 기능이 있을 것입니다. 모두 전자제품이므로 전원 스위치가 있습니다.

이 관계를 계층적으로 나타내면 다음과 같습니다.

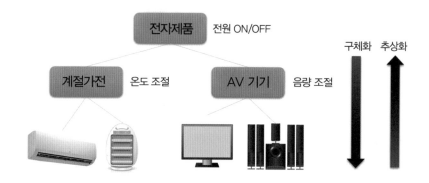

객체지향에서는 어떤 특징을 이어 받는 것을 「상속」이라고 합니다. 「AV 기기는 전자제품의 특징을 상속받는다」, 「계절가전은 전자제품의 특징을 상속받는다」라고 표현합니다. 실제 프로그램에서도 여러 개의 단계로 추상화하는 것이 행해집니다.

4 × × 메서드와 인터페이스

오브젝트를 조작하는 함수를 「메서드(Method)」라고 합니다. 하나의 메서드는 하나의 기능에 대응합니다. 예를 들어, 전원을 ON하는 메서드, 음량을 조정하는 메서드, 채널을 바꾸는 메서드와 같은 구조입니다.

우리는 TV를 사면 바로 시청하려고 합니다. 설명서를 차분히 읽는 사람은 드물죠. 차를 샀다면 바로 운전할 겁니다. 매뉴얼을 읽지 않고는 운전할 수 없다는 사람은 없을 겁니다. 아무런 설명도 없이 기기를 조작할 수 있는 것은 제조업체와 상관없이 조작 방법에 공통점이 있기 때문입니다. 차의 엑셀과 브레이크가 거꾸로 되어 있지는 않습니다. 리모컨의 숫자를 누르면 채널이 바뀔 것입니다. 이러한 의미 있는 조작 방법의 통합을 「인터페이스」라고 합니다. 인터페이스도 클래스와 마찬가지로 추상도에 따라서 상속관계를 만들 수 있습니다.

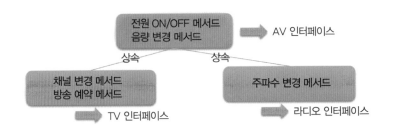

Java나 C# 언어에서는 인터페이스 전용 구문이 준비돼 있습니다. 파이썬에는 인터페이스 전용 구문은 없지만, 이 사고방식은 객체지향 언어를 습득하는데 중요하므로 파악해 두면 좋을 것입니다.

5 × 클래스 설계

여기까지 객체지향의 기본적인 사고방식을 소개했습니다. 그럼 바로, "객체지향적인 프로그램을 만들자"하고 PC 앞에 앉았다고 합시다. 하지만 "도대체 무엇을 클래스로 하면 될까?"라고 대부분의 사람이 혼란스러울 것이라고 생각합니다.

문장의 표현 방법이 각양각색인 것처럼 무엇을 클래스로 할지, 어떠한 상속관계로 할지, 클래스 설계는 사람마다 다릅니다. 수학처럼 절대적인 정답은 없습니다. 아주 제대로 된 설계가 되기도 하고, 스파게티 같이 복잡하거나 비실용적인 클래스 설계가 되기도 합니다. 이것은 경험이 말하는 세계이므로 여러 가지 코드를 읽거나 실패를 거듭하면서 경험을 쌓아가는 수밖에는 없습니다.

어려울 것 같이 들릴 수도 있지만, 이야말로 프로그래밍의 묘미이며, 퍼즐을 푸는 듯한 즐거운 작업입니다. 처음에는 어렵다고 느낄지도 모르지만 「클래스 설계를 즐기자」라는 가벼운 마음으로 임해 주셨으면 합니다.

필자는 다음과 같은 접근법을 취합니다.

- 명사(게임 중에서 움직이는 것)는 클래스로 할 수 있는 것이 많다.
- 비슷한 특징을 가진 것은 같은 클래스 또는 상속관계를 만들 수 있는지 생각한다.
- 반드시 클래스로 하면 좋은 것은 아니다(함수가 간단할 수도 있다).
- 상속을 무리하게 사용하는 것보다 클래스를 조합하도록 한다.

이러한 클래스 설계 접근 방식에 관해서는 객체지향 언어가 만들어졌을 때부터 여러 사람에 의해서 논의가 이뤄져 왔습니다. 그중에서도 특히 뛰어난 설계를 카탈로그로서 합한 것을 「디자인 패턴」이라고 합니다. 이미 많은 디자인 패턴 서적이 출판돼 있고, 인터넷에도 많은 정보가 공개돼 있습니다. 흥미있는 분은 살펴보세요.

이 책 후반에서 소개하는 게임에서도 클래스를 사용한 것이 몇 가지 있습니다. 클래스 설계에 절대적인 정답은 없습니다. 「나라면 이런 클래스로 한다. 그렇게 하는게 간단하고 이해하기 쉽다」 라고 할 때도 있겠죠. 그런 생각을 갖고 읽어 주시기 바랍니다.

6 × 클래스 정의

객체지향 개념을 설명했습니다. 드디어 파이썬에서 객체지향적인 코드를 어떻게 사용하는지 살펴봅시다. 먼저 가장 기본이 되는 클래스 정의부터 합니다.

클래스는 다음과 같이 정의합니다.

> class 클래스명:
>   클래스의 내용

가장 단순한 클래스를 만들어 봅시다.

```
>>> class Person:
        pass

>>> smith = Person()
>>> alice = Person()
>>>
```

pass란 아무 것도 하지않는 명령입니다. 클래스명에 ()을 붙여서 객체를 작성합니다.

다만 이것만으로는 프로퍼티도 메서드도 없으므로 아무런 도움이 되지 않습니다. 프로퍼티를 추가해 봅시다. he, she와 2개의 프로퍼티를 작성합니다.

```
>>> class Person:
        def __init__(self, name):
                self.name = name


>>> he = Person("smith")
>>> she = Person("alice")
>>> he.name
'smith'
>>> she.name
'alice'
>>>
```

「def __init__(self, name):」는 함수 선언과 같은 작성법입니다. 메서드는 객체에 관련된 함수이므로 이것은 타당하겠죠. 그러나 함수명 __init__에 위화감을 느낄지도 모르겠습니다. 이것은 객체를 만들 때 호출되는 특별한 함수입니다. 객체지향 언어에서는 객체를 만드는 함수를 「생성자」라고 하며, __init__는 생성자에 해당합니다.

이 함수의 첫 번째 변수에는 객체 자신이 전달됩니다. 첫 번째 인수는 파이썬이 설정해주므로, 우리가 명시적으로 지정하지 않습니다. 관습적으로 self란 인수명을 사용할 일이 많기 때문에 이 책도 그것에 따릅니다. 이처럼 __init__는 인수로 주어진 객체를 초기화하는 기능을 합니다. 따라서 "객체를 만든다"라기 보다는 "객체를 초기화한다"고 보는 게 정확한지도 모르겠습니다.

두 번째 인수는 객체 작성 시 전달한 내용입니다. Person("smith")처럼 객체를 만들면, 두 번째 인수에는 "smith"가 전달됩니다. 생성자 내에서는 「self.name = name」이라고 기술하였는데, 객체 자신인 self의 name 프로퍼티에 인수로 전달된 name 변수를 대입합니다.

객체를 작성한 측은 「객체명.프로퍼티명」이라고 기술함으로써 프로퍼티에 접근할 수 있습니다. 위의 예에서도 「he.name」라고 접근함으로써 name 프로퍼티에 접근할 수 있는 것을 알 수 있습니다.

다른 예도 봅시다. 길이와 색이라는 프로퍼티를 가진 Pen 클래스입니다.

```
>>> class Pen:
        def __init__(self, length, color):
                self.length = length
                self.color = color
>>> pen1 = Pen(5, "red")
>>> pen2 = Pen(10, "black")
>>>
>>> pen1.color
'red'
>>> pen1.length
5
```

프로퍼티도 보통의 변수와 같이 참조, 대입할 수 있습니다.

```
>>> pen1.length = 4.8
>>> pen1.length
4.8
```

메서드란 객체에 관련된 함수입니다. Person 클래스에 say_hello 메서드를 추가합니다.

```
>>> class Person:
        def __init__(self, name):
                self.name = name
        def say_hello(self):
                print("Hi! " + self.name)


>>> he = Person("smith")
>>> he.say_hello()
Hi! smith
>>> |
```

선언은 보통의 함수와 같은 형식입니다. 단지, 첫 번째 인수에 자신을 나타내는 객체가 전달되는 점에 주의해주세요. 이 첫 번째 인수도 파이썬이 설정해 줍니다.

Pen에 write 메서드를 추가합니다.

```
>>> class Pen:
        def __init__(self, length, color):
                self.length = length
                self.color = color
        def write(self, how_many_hours):
                self.length -= how_many_hours / 10
>>> my_pen = Pen(10, "black")
>>> my_pen.write(3)
>>> my_pen.length
9.7
```

write 메서드는 몇 시간 썼는가 하는 인수를 하나 취합니다. 그 값의 10분의 1을 length에서 뺍니다. 3시간 동안 계속 써서 심이 3mm가 줄어 9.7cm이 되었습니다.

참고로 클래스가 어떤 프로퍼티, 어떤 메서드를 갖는지 한눈에 알 수 있도록 클래스 도(Class Diagram)라는 기법이 자주 사용됩니다(실제로는 보다 복잡한 규칙이 있는데 이 책의 범위에서는 이것으로 충분합니다). 단순히 클래스명, 프로퍼티명, 메서드명을 순서로 기술할 뿐이지만, 이런 그림을 준비하는 것만으로도 보기가 쉬워집니다.

Pen	← 클래스명
length color	← 프로퍼티명
write	← 메서드명

8 상속

영어에는 「reinventing the wheel」이라는 말이 있습니다. 「이미 발명돼 있는 것을 모르고(또는 의도적으로 무시하고) 다시 발명하는 것은 낭비」라는 의미입니다. 재활용을 중요시하는 프로그래밍 업계에서 자주 사용합니다.

PyGame의 Rect 클래스는 매우 편리합니다. 만일 width와 height를 바꾸는 flip 메서드를 가진 MyRect 클래스가 필요했다고 합시다. Rect 클래스를 처음부터 다시 만드는 것은 아무리 생각해도 쓸데없습니다. 다행히 파이썬에는 기존의 클래스를 재이용하면서 차이가 있는 부분만을 기술하는 수단이 준비돼 있습니다. 그것이 「상속」입니다. 상속이란 이미 있는 클래스를 재이용할 때 쓰는 기법입니다.

```
>>> import pygame
>>> class MyRect(pygame.Rect):
        def flip(self):
                self.width, self.height = (self.height, self.width)

>>> r = MyRect(10, 20, 30, 40)
>>> r.size
(30, 40)
>>> r.flip()
>>> r.size
(40, 30)
```

다른 클래스를 상속받을 때는 다음과 같이 사용합니다.

> class 클래스명 (부모 클래스):

부모 클래스라는 것은 상속 대상이 되는 클래스입니다. 위의 예에서는 Rect의 size 프로퍼티를 그대로 사용할 수 있는 것뿐만 아니라 자신이 정의한 flip 메서드를 사용할 수 있다는 걸 알 수 있습니다.

이렇게 상속은 매우 강력한 테크닉이지만, 이 책에서 설명하는 게임에서는 기존 클래스를 상속하는 클래스는 작성하지 않습니다.[7] 그보다 여러 클래스가 필요하게 되었을 때 그것들의 공통 항목을 묶어서 부모 클래스를 만드는 것을 사용합니다.

간단한 예를 봅시다. 전원과 볼륨이라는 프로퍼티를 가진 Audio 클래스를 정의합니다. tune() 메서드로 음악을 들을 수도 있습니다. 전원이 들어오지 않으면 「turn it on」이라는 메시지가 표시됩니다.

```
>>> class Audio:
        def __init__(self, power, volume):
                self.power = power
                self.volume = volume

        def switch(self, on_off):
                self.power = on_off

        def set_volume(self, vol):
                self.volume = vol

        def tune(self):
                str = "La la la..." if self.power else "turn it on"
                print(str)
>>> mp3 = Audio(False, 8)
>>> mp3.set_volume(12)
>>> mp3.tune()
turn it on
```

마찬가지로 TV 클래스도 정의합니다. TV이므로 화면 크기를 나타내는 size 프로퍼티가 필요합니다. 또한, 메서드도 watch로 돼 있습니다.

```
>>> class TV:
        def __init__(self, power, volume, size):
                self.power = power
                self.volume = volume
                self.size = size
        def switch(self, on_off):
                self.power = on_off
        def set_volume(self, vol):
                self.volume = vol
        def watch(self):
                str = "have fun!" if self.power else "switch on"
                print(str)

>>> obj = TV(True, 14, 40)
>>> obj.switch(True)
>>> obj.watch()
have fun!
>>> obj.set_volume(10)
```

---

7 pygame.sprite.Sprite를 상속받은 클래스를 구현하는 게임도 많이 있습니다. 그리기와 충돌 판정 등을 쉽게 할 수 있습니다.

TV도 Audio도 같은 AV 기기이므로 유사점이 많습니다. 그럼, 공통 항목을 묶어 새로운 클래스 AudioVisual을 정의합시다. 그 상태를 다음에 나타냅니다.

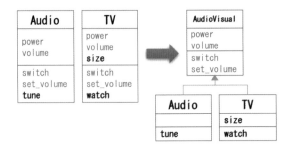

이것을 코드로 표현하면 다음과 같습니다. 조금 길어져서 파일 형식으로 했습니다.

```python
class AudioVisual:
    def __init__(self, power, volume):
        self.power = power
        self.volume = volume
    def switch(self, on_off):
        self.power = on_off
    def set_volume(self, vol):
        self.volume = vol


class Audio(AudioVisual):
    def __init__(self, power, volume):
        super().__init__(power, volume)
    def tune(self):
        str = "La la la..." if self.power else "turn it on"
        print(str)


class TV(AudioVisual):
    def __init__(self, power, volume, size):
        super().__init__(power, volume)
        self.size = size
    def watch(self):
        str = "have fun!" if self.power else "switch on"
        print(str)


obj1 = TV(False, 12, 40)
obj1.switch(True)
```

```
obj1.watch()

obj2 = Audio(True, 15)
obj2.set _ volume(6)
obj2.tune()
```

AudioVisual 클래스는 지금까지의 보통 클래스 선언과 다르지 않습니다. 중요한 것은 TV와 Audio
의 생성자입니다. 먼저 Audio 생성자부터입니다.

```
class Audio(AudioVisual):
    def __init __(self, power, volume):
        super(). __init __(power, volume)
```

super()는 부모 클래스의 정의를 참조하는 메서드입니다. 즉, 부모 클래스의 __init__를 호출하고 있
는 것입니다. 그때 self 인수는 파이썬이 자동으로 설정하므로 직접 지정할 필요는 없습니다. Audio
클래스에서는 AudioVisual 클래스에서 정의하지 않은 tune 메서드를 정의할 뿐입니다.

다음은 TV의 생성자입니다. TV 클래스는 독자적인 프로퍼티 size를 가집니다.

```
class TV(AudioVisual):
    def __init __(self, power, volume, size):
        super(). __init __(power, volume)
        self.size = size
```

Audio와 마찬가지로 부모 클래스의 __init__를 호출합니다. size는 TV만의 프로퍼티이므로 자신
의 생성자 안에서 프로퍼티로 설정합니다. 다음은 Audio와 마찬가지로 부모 클래서에 정의되지 않
은 watch 메서드를 직접 구현합니다. Audio도 TV도 스스로는 power나 volume과 같은 프로퍼티,
switch나 set_volume과 같은 메서드는 선언하지 않습니다. 그래도 obj1이나 obj2와 같은 객체로부
터 이러한 메서드로 접근할 수 있는 것을 알 수 있습니다.

수고하셨습니다. 이상으로 기본편을 마칩니다. 여기까지의 내용을 파악하면 후반의 게임 소스 코드
를 쉽게 읽어 나갈 수 있을 것입니다. 여기부터가 진짜 시작입니다. 여기까지의 설명이 어떻게 이용
되는지 생각하면서 읽어 나가세요. 아마도 여러 가지 새로운 경험을 하게 될 것입니다.

프로그래밍 언어를 익숙하게 다루려면 구체적인 예를 많이 접해보는 것이 최고입니다. Part 2에서는 수평 스크롤, 퍼즐, 유사 3D, 블록 무너뜨리기, 가로 세로 스크롤, 슈팅, 낙하 등 다양한 게임을 수록했습니다. 이러한 소스 코드를 읽는 동안 일정한 패턴이 있음을 깨닫게 될 것입니다. 여기까지 왔다면 해낸 것입니다. 여러분 스스로 새 게임을 만들 준비가 된 것입니다. 반드시 스스로 오리지널 게임을 만들어 보세요. 고생하기도 하겠지만 그것을 뛰어 넘는 성취감이 분명히 있을 것입니다.

PART 2
게임편

01 · Cave

02 · 마인 스위퍼

03 · Saturn Voyager

04 · Snake

05 · 블록 깨기

06 · 아스테로이드

07 · Missile Command

08 · 슈팅

09 · 테트리스

Chapter
01 Cave

간단한 가로 스크롤 게임입니다. 스페이스 키를 누르면 윗 방향으로 가속도가 붙습니다. 동굴은 점차 좁아집니다.

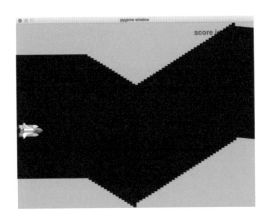
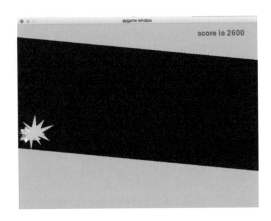

소스 코드(cave.py)

```python
""" cave - Copyright 2016 Kenichiro Tanaka   """
import sys
from random import randint
import pygame
from pygame.locals import QUIT, Rect, KEYDOWN, K_SPACE

pygame.init()
pygame.key.set_repeat(5, 5)
```

```
SURFACE = pygame.display.set_mode((800, 600))
FPSCLOCK = pygame.time.Clock()


def main():
    """ 메인 루틴 """
    walls = 80
    ship_y = 250
    velocity = 0
    score = 0
    slope = randint(1, 6)
    sysfont = pygame.font.SysFont(None, 36)
    ship_image = pygame.image.load("ship.png")
    bang_image = pygame.image.load("bang.png")
    holes = []
    for xpos in range(walls):
        holes.append(Rect(xpos * 10, 100, 10, 400))
    game_over = False


    while True:
        is_space_down = False
        for event in pygame.event.get():
            if event.type == QUIT:
                pygame.quit()
                sys.exit()
            elif event.type == KEYDOWN:
                if event.key == K_SPACE:
                    is_space_down = True


        # 내 캐릭터를 이동
        if not game_over:
            score += 10
            velocity += -3 if is_space_down else 3
            ship_y += velocity

            # 동굴을 스크롤
            edge = holes[-1].copy()
            test = edge.move(0, slope)
            if test.top <= 0 or test.bottom >= 600:
                slope = randint(1, 6) * (-1 if slope > 0 else 1)
```

```
                    edge.inflate_ip(0, -20)
              edge.move_ip(10, slope)
              holes.append(edge)
              del holes[0]
              holes = [x.move(-10, 0) for x in holes]

              # 충돌?
              if holes[0].top > ship_y or \
                  holes[0].bottom < ship_y + 80:
                  game_over = True

          # 그리기
          SURFACE.fill((0, 255, 0))
          for hole in holes:
              pygame.draw.rect(SURFACE, (0, 0, 0), hole)
          SURFACE.blit(ship_image, (0, ship_y))
          score_image = sysfont.render("score is {}".format(score),
                                       True, (0, 0, 225))
          SURFACE.blit(score_image, (600, 20))

          if game_over:
              SURFACE.blit(bang_image, (0, ship_y-40))

          pygame.display.update()
          FPSCLOCK.tick(15)


if __name__ == '__main__':
    main()
```

75줄 정도의 간단한 게임입니다. 많은 직사각형을 뿌리면서 가로 방향으로 나열해서 동굴을 표현하고 있습니다. 프레임마다 모든 직사각형을 왼쪽 방향으로 움직이고, 맨 앞(왼쪽 끝)의 직사각형을 제거, 오른쪽 끝에 새로운 직사각형을 추가해 가로 방향의 스크롤을 구현하였습니다.

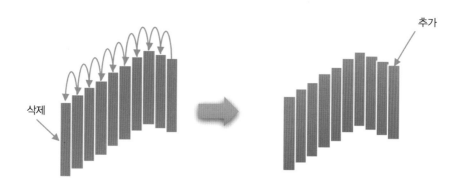

이번 게임에서 전역 변수는 SURFACE(윈도)와 FPSCLOCK(프레임 레이트 조정용의 타이머) 두 개입니다. 다음은 전역 코드입니다.

```
pygame.init()
pygame.key.set _ repeat(5, 5)
SURFACE = pygame.display.set _ mode((800, 600))
FPSCLOCK = pygame.time.Clock()
```

pygame.init()으로 pygame을 초기화합니다. pygame.key.set_repeat()는 키의 반복 기능을 설정하는 pygame의 메서드입니다. 키를 눌렀을 때 연속해서 KEYDOWN 이벤트를 생성하기 위해서 호출합니다. set_mode((800, 600))으로 화면 크기를 설정하고, FPSCLOCK 객체를 만듭니다.

main()

이 게임의 유일한 함수입니다. 길이가 길어서 나눠 설명합니다. 주요 지역 변수를 다음에 나열합니다.

walls	동굴을 구성하는 직사각형의 수
ship_y	내 캐릭터의 Y 좌표
velocity	내 캐릭터가 상하로 이동할 때의 속도
score	점수
slope	동굴의 기울기(옆의 직사각형과 Y 축 방향으로 얼마나 비켜 있는지)
holes	동굴을 구성하는 직사각형을 저장하는 배열
game_over	게임 오버인지 아닌지 여부의 플래그

다음 코드로 동굴을 구성하는 직사각형을 작성합니다.

```
for xpos in range(walls):
    holes.append(Rect(xpos * 10, 100, 10, 400))
```

Rect는 pygame 안에 정의된 클래스입니다. 인수는 (X 좌표, Y 좌표, 폭, 높이)입니다. X 축 방향으로 10씩 비키면서 직사각형을 walls개 만들고 있습니다. 만든 직사각형은 리스트 holes에 추가해 갑니다.

초기화가 끝나면 while True:로 메인 루프에 진입합니다. 루프를 시작할 때마다, is_space_down을 False로 초기화합니다. 다음에 이벤트 큐에서 이벤트를 취득하고 QUIT이면 게임을 종료합니다. 이벤트 유형이 KEYDOWN, 키 코드가 K_SPACE이면 is_space_down을 True로 설정합니다.

다음 코드로 내 캐릭터를 이동합니다.

```
if not game_over:
    score += 10
    velocity += -3 if is_space_down else 3
    ship_y += velocity
```

먼저 if not game_over: 에서 게임 오버가 아닐 때(게임 중)의 처리를 기술합니다. 점수를 10 증가하고, 스페이스 키 입력 상태에 따라서 속도를 −3 (상승), 또는 +3 (하강) 변화시킵니다.

동굴의 스크롤은 다음 코드입니다.

```
edge = holes[-1].copy()
test = edge.move(0, slope)
if test.top <= 0 or test.bottom >= 600:
    slope = randint(1, 6) * (-1 if slope > 0 else 1)
    edge.inflate _ ip(0, -20)
edge.move _ ip(10, slope)
holes.append(edge)
del holes[0]
holes = [x.move(-10, 0) for x in holes]
```

edge = holes[walls − 1].copy()에서는 오른쪽 끝의 직사각형을 복사해서 변수 edge에 저장합니다. 배열 번호는 0부터 시작됩니다. 따라서 walls−1로 마지막 요소를 취득할 수 있습니다. 사실은 holes[−1]이라고 기술해도 마지막 요소를 취득할 수 있습니다. 그러므로 이 줄은 다음과 같이 바꿔도 똑같이 동작합니다.

```
edge = holes[-1].copy()
```

다음으로 새로 만든 직사각형을 이동시켜서 천장이나 바닥에 부딪히지 않는지 검출합니다. 부딪혔을 때는 동굴의 기울기를 반대 방향으로 해야 합니다.

```
test = edge.move(0, slope)
```

여기서 move는 Rect를 이동하는 메서드입니다. edge를 Y 축 방향으로 slope만큼 움직입니다. 이때 edge는 변화하지 않고, 새로운 장소로 이동한 직사각형 test가 반환되는 것에 주의하세요. 처음에 move_ip이 아니라 move를 사용한 것은 만일 이동해서 충돌하는지 아닌지를 검출하기 위해서입니다. 다음의 if 문으로 천장 또는 바닥에 닿았는지 판정합니다.

```
if test.top <= 0 or test.bottom >= 600:
```

충돌했을 때는 방향을 바꿔서 동굴의 크기를 한층 작게 줄입니다. 방향을 바꾸는 것이 다음 코드입니다. 기울기와 부호 반전으로 분할해서 생각하면 이해하기 쉽습니다.

$$\text{slope} = \text{randint}(1, 6) * (-1 \text{ if slope} > 0 \text{ else } 1)$$

기울기의 절댓값을 난수로 생성   기울기의 부호를 반전

edge.inflate_ip(0, −20)으로 Y 축 방향의 크기를 20만큼 작게 합니다. 다음으로 edge.move_ip(10, slope)로 오른쪽 끝의 직사각형을 X 축 방향으로 +10, Y 축 방향으로 slope만큼 이동합니다. 이번에는 move가 아닌 move_ip를 사용해 스스로 이동하는 것에 주의하세요. 나머지는 다음의 순서로 가로 스크롤을 실행합니다.

맨 끝(오른쪽 끝)에 추가	holes.append(edge)
맨 앞의 직사각형을 삭제	del holes[0]
전체를 10 왼쪽으로 이동	holes = [x.move(-10, 0) for x in holes]

다음 코드로 내 캐릭터가 동굴 벽에 충돌했는지를 판정합니다.

```
# 충돌?
if holes[0].top > ship _ y or holes[0].bottom < ship _ y + 80:
    game _ over = True
```

ship_y는 내 캐릭터의 Y 좌표(위쪽 끝)입니다. 아래쪽 끝은 ship_y+80으로 했습니다. 이 값을 조정하면 충돌 판정을 엄격하게 하거나 완만하게 합니다. 이러한 값이 동굴의 왼쪽 끝의 직사각형 holes[0] 범위에 들어가 있는지를 조사하는 것입니다.

나머지는 그리기입니다.

```
SURFACE.fill((0, 255, 0))
for hole in holes:
    pygame.draw.rect(SURFACE, (0, 0, 0), hole)
SURFACE.blit(ship _ image, (0, ship _ y))
score _ image = sysfont.render("score is {}".format(score),
                               True, (0, 0, 225))
SURFACE.blit(score _ image, (600, 20))

if game _ over:
    SURFACE.blit(bang _ image, (0, ship _ y-40))
```

전체 화면을 녹색으로 칠하고, 동굴 구멍의 직사각형을 그리고, 내 캐릭터와 점수를 나타냅니다. 게임오버 시에는 그 메시지를 표시합니다.

마지막으로 pygame.display.update()로 그리기를 화면에 반영하고, 타이머를 사용해서 FPS를 조정합니다.

설명은 이상입니다. 동굴의 변화하는 정도에 삼각함수를 사용하면 더욱 매끄러운 동굴이 될 것입니다. 도중에 장애물을 생성해도 재미있겠죠.

Chapter
02 마인 스위퍼

꽉 차있는 폭탄을 피하면서 전체 타일을 뒤집는 게임입니다. 숫자는 그 주위에 차 있는 폭탄 수를 나타냅니다. PyGame으로 슈팅처럼 캐릭터가 이동하는 게임만이 아니라 이러한 퍼즐 게임도 구현할 수 있습니다.

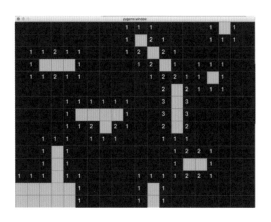

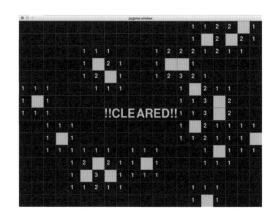

소스 코드(mine_sweeper.py)

```
""" mine_sweeper.py - Copyright 2016 Kenichiro Tanaka   """
import sys
from math import floor
from random import randint
import pygame
from pygame.locals import QUIT, MOUSEBUTTONDOWN


WIDTH = 20
```

```python
HEIGHT = 15
SIZE = 50
NUM _ OF _ BOMBS = 20
EMPTY = 0
BOMB = 1
OPENED = 2
OPEN _ COUNT = 0
CHECKED = [[0 for _ in range(WIDTH)] for _ in range(HEIGHT)]

pygame.init()
SURFACE = pygame.display.set _ mode([WIDTH*SIZE, HEIGHT*SIZE])
FPSCLOCK = pygame.time.Clock()


def num _ of _ bomb(field, x _ pos, y _ pos):
    """ 주위에 있는 폭탄 수를 반환한다 """
    count = 0
    for yoffset in range(-1, 2):
        for xoffset in range(-1, 2):
            xpos, ypos = (x _ pos + xoffset, y _ pos + yoffset)
            if 0 <= xpos < WIDTH and 0 <= ypos < HEIGHT and \
                field[ypos][xpos] == BOMB:
                count += 1
    return count


def open _ tile(field, x _ pos, y _ pos):
    """ 타일을 오픈 """
    global OPEN _ COUNT
    if CHECKED[y _ pos][x _ pos]:  # 이미 확인된 타일
        return

    CHECKED[y _ pos][x _ pos] = True

    for yoffset in range(-1, 2):
        for xoffset in range(-1, 2):
            xpos, ypos = (x _ pos + xoffset, y _ pos + yoffset)
            if 0 <= xpos < WIDTH and 0 <= ypos < HEIGHT and \
                field[ypos][xpos] == EMPTY:
                field[ypos][xpos] = OPENED
                OPEN _ COUNT += 1
```

```python
                count = num_of_bomb(field, xpos, ypos)
                if count == 0 and \
                    not (xpos == x_pos and ypos == y_pos):
                    open_tile(field, xpos, ypos)


def main():
    """ 메인 루틴 """
    smallfont = pygame.font.SysFont(None, 36)
    largefont = pygame.font.SysFont(None, 72)
    message_clear = largefont.render("!!CLEARED!!",
                                        True, (0, 255, 225))
    message_over = largefont.render("GAME OVER!!",
                                        True, (0, 255, 225))
    message_rect = message_clear.get_rect()
    message_rect.center = (WIDTH*SIZE/2, HEIGHT*SIZE/2)
    game_over = False

    field = [[EMPTY for xpos in range(WIDTH)]
                for ypos in range(HEIGHT)]

    # 폭탄을 설치
    count = 0
    while count < NUM_OF_BOMBS:
        xpos, ypos = randint(0, WIDTH-1), randint(0, HEIGHT-1)
        if field[ypos][xpos] == EMPTY:
            field[ypos][xpos] = BOMB
            count += 1

    while True:
        for event in pygame.event.get():
            if event.type == QUIT:
                pygame.quit()
                sys.exit()
            if event.type == MOUSEBUTTONDOWN and \
                event.button == 1:
                xpos, ypos = floor(event.pos[0] / SIZE),\
                            floor(event.pos[1] / SIZE)
                if field[ypos][xpos] == BOMB:
                    game_over = True
```

```
                else:
                    open_tile(field, xpos, ypos)


# 그리기
SURFACE.fill((0, 0, 0))
for ypos in range(HEIGHT):
    for xpos in range(WIDTH):
        tile = field[ypos][xpos]
        rect = (xpos*SIZE, ypos*SIZE, SIZE, SIZE)

        if tile == EMPTY or tile == BOMB:
            pygame.draw.rect(SURFACE,
                                (192, 192, 192), rect)
            if game_over and tile == BOMB:
                pygame.draw.ellipse(SURFACE,
                                    (225, 225, 0), rect)
        elif tile == OPENED:
            count = num_of_bomb(field, xpos, ypos)
            if count > 0:
                num_image = smallfont.render(
                    "{}".format(count), True, (255, 255, 0))
                SURFACE.blit(num_image,
                            (xpos*SIZE+10, ypos*SIZE+10))


# 선 그리기
for index in range(0, WIDTH*SIZE, SIZE):
    pygame.draw.line(SURFACE, (96, 96, 96),
                        (index, 0), (index, HEIGHT*SIZE))
for index in range(0, HEIGHT*SIZE, SIZE):
    pygame.draw.line(SURFACE, (96, 96, 96),
                        (0, index), (WIDTH*SIZE, index))


# 메시지 나타내기
if OPEN_COUNT == WIDTH*HEIGHT - NUM_OF_BOMBS:
    SURFACE.blit(message_clear, message_rect.topleft)
elif game_over:
    SURFACE.blit(message_over, message_rect.topleft)


pygame.display.update()
```

```
        FPSCLOCK.tick(15)

if __name__ == '__main__':
    main()
```

간단한 게임이므로 클래스는 사용하지 않습니다. 가로 세로 2차원 배열로 맵 상태를 관리합니다. 맵 내의 타일이 취할 수 있는 상태는 다음 세 가지 중 하나입니다.

EMPTY	아무 것도 없음(아직 열려있지 않다)
BOMB	폭탄 있음(아직 열려있지 않다) → 열면 즉시 게임 오버
OPENED	이미 열려있다

또한, 이번 게임에서는 open_tile 함수가 스스로를 호출하는 기법을 사용하고 있습니다. 이러한 사용법을 「재귀적(리커시브)」이라고 부릅니다.

이번 게임에서는 화면 크기나 폭탄 수 등을 변경하기 쉽도록 파라미터로서 많은 전역 변수를 사용합니다.

WIDTH	가로방향의 칸 수
HEIGHT	세로방향의 칸 수
SIZE	칸 1개의 가로세로 크기
NUM_OF_BOMBS	폭탄 수
EMPTY	맵 상의 타일에 아무것도 없는 상태
BOMB	맵 상의 타일에 폭탄이 있는 상태
OPENED	맵 상의 타일이 이미 비어진 상태
OPEN_COUNT	열린 타일 수

CHECKED	타일의 상태를 이미 확인했는지 기록하는 배열

이 밖에 SURFACE(윈도)와 FPSCLOCK(프레임 레이트 조정용의 타이머)을 사용합니다.

맨 앞의 임포트문에서는 sys 모듈과 pygame을 임포트하고 있습니다. 또한, math 모듈에서 floor, random 모듈에서 randint, pygame.locals에서 QUIT와 MOUSEBUTTONDOWN을 취합니다.

3 ˣˣ 함수

num_of_bomb(field, x_pos, y_pos)

어떤 칸 범위에 있는 폭탄 수를 반환하는 함수입니다. range의 이중 루프를 사용해 X 축, Y 축 동시에 −1, 0, +1로 변화시키고 있습니다.

```
count = 0
for yoffset in range(-1, 2):
    for xoffset in range(-1, 2):
        xpos, ypos = (x_pos + xoffset, y_pos + yoffset)
        if 0 <= xpos < WIDTH and 0 <= ypos < HEIGHT and \
            field[ypos][xpos] == BOMB:
            count += 1
return count
```

대상이 되는 좌표 (xpos, ypos)를 순서대로 스캔하고, 폭탄 수를 세어 나갑니다.

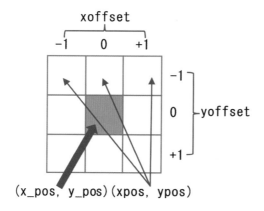

open_tile(field, x_pos, y_pos)

이 게임에서 가장 중요한 함수입니다. 조금 길어 나눠 설명합니다.

```
global OPEN _ COUNT
if CHECKED[y _ pos][x _ pos]:  # 이미 확인 끝낸 타일
    return

CHECKED[y _ pos][x _ pos] = True
```

OPEN_COUNT는 열린 타일 수를 갖고 있는 전역 변수입니다. 이 함수로부터 전역 변수 값을 변경해야 하므로 global OPEN_COUNT라고 선언합니다.

CHECKED는 이 타일을 검사했는지 여부를 조사하기 위한 2차원 배열로 전역 변수로서 선언돼 있습니다. 2차원 배열의 내용을 다시 쓰는데 CHECKED에 다른 값을 대입하는(CHECKED의 참조장소를 변경한다) 것은 아니므로 global 선언은 필요 없는 것에 주의하세요.

open_tile() 함수에서는 주위에 폭탄이 없을 때, 인접한 타일에 대해서 자신인 open_tile() 함수를 재귀적으로 호출합니다. 재귀란 「어떤 함수 안에서 그 함수 자신을 호출하는 것」입니다.

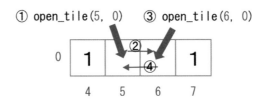

만일 (5, 0)가 클릭되었다고 합시다(①). 이 칸에는 폭탄이 없으므로 주위의 칸도 열려 있습니다. 오른쪽 옆의 칸을 생각합시다(②). 그 타일에 대해서 open_tile(6, 0)이 호출됩니다(③). 이 칸 주위도 마찬가지로 조사합니다. 왼쪽 옆에는 아무것도 없습니다. 그래서 open_tile(5, 0)를 호출합니다. 눈치챘나요? 이대로는 계속 처리를 반복해서 앞으로 나갈 수 없습니다. 이런 상태를 피하기 위해 일단 열려 있는지 여부를 CHECKED[y_pos][x_pos]로 관리하고, 그것이 True라면 아무것도 하지 않고 함수를 return합니다. 재귀적인 함수를 사용할 때, 무한으로 같은 함수를 호출하지 않게 주의해야 합니다.

```
for yoffset in range(-1, 2):
    for xoffset in range(-1, 2):
        xpos, ypos = (x_pos + xoffset, y_pos + yoffset)
        if 0 <= xpos < WIDTH and 0 <= ypos < HEIGHT and \
            field[ypos][xpos] == EMPTY:
            field[ypos][xpos] = OPENED
            OPEN_COUNT += 1
            count = num_of_bomb(field, xpos, ypos)
            if count == 0 and \
                not (xpos == x_pos and ypos == y_pos):
                open_tile(field, xpos, ypos)
```

num_of_bomb처럼 range의 이중 루프를 사용해 X 축, Y 축 함께 −1, 0, +1로 변화시키고 주위의 좌표 (xpos, ypos)를 취득합니다. 그것이 범위 내에 들어가 있고, 그 값이 EMPTY라면 그 칸을 OPENED로 합니다. OPEN_COUNT의 값을 1 증가하고, 주위의 폭탄 수를 셉니다. 그 수가 0이며 자신과 다른 좌표에 있으면 그 칸에 대해서도 open_tile을 호출합니다.

이처럼 자신을 재귀적으로 호출함으로써 빈 타일이 클릭됐을 때는 인접하는 빈 타일이 일제히 OPENED가 됩니다.

main()

이 함수도 길어서 차례로 살펴 나갑니다.

```
smallfont = pygame.font.SysFont(None, 36)
largefont = pygame.font.SysFont(None, 72)
message_clear = largefont.render("!!CLEARED!!",
                                True, (0, 255, 225))
message_over = largefont.render("GAME OVER!!",
                                True, (0, 255, 225))
message_rect = message_clear.get_rect()
message_rect.center = (WIDTH*SIZE/2, HEIGHT*SIZE/2)
game_over = False
```

폰트, 메시지, 메시지를 나타내는 직사각형을 초기화합니다.

```
field = [[EMPTY for xpos in range(WIDTH)]
             for ypos in range(HEIGHT)]
```

위 줄에서는 리스트 내포 표기를 이중으로 해서 2차원 배열을 초기화합니다.

다음 코드에서는 폭탄을 NUM_OF_BOMBS개 배치합니다.

```
count = 0
while count < NUM _ OF _ BOMBS:
    xpos, ypos = randint(0, WIDTH-1), randint(0, HEIGHT-1)
    if field[ypos][xpos] == EMPTY:
        field[ypos][xpos] = BOMB
        count += 1
```

같은 곳에 폭탄을 배치하지 않도록 검사합니다.

while True: 부터 메인 루프로 진입합니다. 이벤트 큐에서 이벤트를 꺼내고, 그것이 QUIT이면 앱을 종료합니다.

왼쪽 클릭이면 타일이 클릭된 것으로 간주합니다.

```
if event.type == MOUSEBUTTONDOWN and \
    event.button == 1:
    xpos, ypos = floor(event.pos[0] / SIZE),\
                 floor(event.pos[1] / SIZE)
    if field[ypos][xpos] == BOMB:
        game _ over = True
    else:
        open _ tile(field, xpos, ypos)
```

event.button은 마우스 버튼의 종류로 1은 왼쪽입니다. 실제로 클릭된 좌표는 event.pos로 구할 수 있으므로 x 성분, y 성분을 SIZE로 나누고, floor를 사용해서 정수로 합니다. 이같이 구한 xpos, ypos가 타일의 칸 번호입니다. 그 위치가 폭탄이면 (field[ypos][xpos]==BOMB), 게임 오버입니다. 그렇지 않으면 open_tile로 타일을 오픈합니다.

나머지는 그리기입니다. 검은색으로 빈틈없이 칠하고, 각각의 칸을 그립니다.

```
SURFACE.fill((0, 0, 0))
for ypos in range(HEIGHT):
    for xpos in range(WIDTH):
        tile = field[ypos][xpos]
        rect = (xpos*SIZE, ypos*SIZE, SIZE, SIZE)

        if tile == EMPTY or tile == BOMB:
            pygame.draw.rect(SURFACE,
                            (192, 192, 192), rect)
            if game_over and tile == BOMB:
                pygame.draw.ellipse(SURFACE,
                                    (225, 225, 0), rect)
        elif tile == OPENED:
            count = num_of_bomb(field, xpos, ypos)
            if count > 0:
                num_image = smallfont.render(
                    "{}".format(count), True, (255, 255, 0))
                SURFACE.blit(num_image,
                            (xpos*SIZE+10, ypos*SIZE+10))
```

세로 range(HEIGHT)와 가로 range(WIDTH)의 이중 루프로 각각의 칸을 스캔해 나갑니다. 타일이 EMPTY나 BOMB일 때는 직사각형 rect를 그립니다. 게임 오버일 때는 폭탄을 노란색 ellipse로 그립니다. 이미 타일이 열려 있을 때 즉, OPENED일 때는 주위의 폭탄을 세서 0보다 클 때는 그 수를 나타냅니다.

다음 코드는 세로와 가로줄입니다.

```
for index in range(0, WIDTH*SIZE, SIZE):
    pygame.draw.line(SURFACE, (96, 96, 96),
                    (index, 0), (index, HEIGHT*SIZE))
for index in range(0, HEIGHT*SIZE, SIZE):
    pygame.draw.line(SURFACE, (96, 96, 96),
                    (0, index), (WIDTH*SIZE, index))
```

마지막으로 메시지 나타내기입니다.

```
        if OPEN_COUNT == WIDTH*HEIGHT - NUM_OF_BOMBS:
            SURFACE.blit(message_clear, message_rect.topleft)
        elif game_over:
            SURFACE.blit(message_over, message_rect.topleft)

        pygame.display.update()
        FPSCLOCK.tick(15)

if __name__ == '__main__':
    main()
```

OPEN_COUNT == WIDTH(HEIGHT − NUM_OF_BOMBS가 True일 때, 모든 타일이 열린 것입니다. game_over가 True일 때는 게임 오버입니다. 각각에 적합한 메시지를 표시합니다.

나머지는 pygame.display.update()로 화면을 갱신하고, FPSCLOCK.tick(15)로 FPS를 조정합니다.

Chapter
03 Saturn Voyager

운석 무리를 피해서 어디까지 진행하는지를 겨루는 게임입니다. 언뜻 3D처럼 보일지도 모르겠지만, 모든 이미지는 2D 이미지를 사용하고 있습니다. 3D처럼 보이는 2D에 불과하지만 그런대로 표현하고 있다고 생각합니다. 실제로 옛날의 아케이드 게임 중에는 이런 유사 3D 효과를 사용한 것도 많았습니다.

소스 코드(saturn_voyager.py)

```
""" saturn _ voyager.py - Copyright 2016 Kenichiro Tanaka """
import sys
from random import randint
```

```python
import pygame
from pygame.locals import QUIT, KEYDOWN, KEYUP, \
    K_LEFT, K_RIGHT, K_UP, K_DOWN

pygame.init()
SURFACE = pygame.display.set_mode((800, 800))
FPSCLOCK = pygame.time.Clock()

def main():
    """ 메인 루틴 """
    game_over = False
    score = 0
    speed = 25
    stars = []
    keymap = []
    ship = [0, 0]
    scope_image = pygame.image.load("scope.png")
    rock_image = pygame.image.load("rock.png")

    scorefont = pygame.font.SysFont(None, 36)
    sysfont = pygame.font.SysFont(None, 72)
    message_over = sysfont.render("GAME OVER!!",\
                                        True, (0, 255, 225))
    message_rect = message_over.get_rect()
    message_rect.center = (400, 400)

    while len(stars) < 200:
        stars.append({
            "pos": [randint(-1600, 1600),
                    randint(-1600, 1600), randint(0, 4095)],
            "theta": randint(0, 360)
        })

    while True:
        for event in pygame.event.get():
            if event.type == QUIT:
                pygame.quit()
                sys.exit()
            elif event.type == KEYDOWN:
```

```
                if not event.key in keymap:
                    keymap.append(event.key)
            elif event.type == KEYUP:
                keymap.remove(event.key)


    # 프레임별 처리
    if not game _ over:
        score += 1
        if score % 10 == 0:
            speed += 1


        if K _ LEFT in keymap:
            ship[0] -= 30
        elif K _ RIGHT in keymap:
            ship[0] += 30
        elif K _ UP in keymap:
            ship[1] -= 30
        elif K _ DOWN in keymap:
            ship[1] += 30


        ship[0] = max(-800, min(800, ship[0]))
        ship[1] = max(-800, min(800, ship[1]))


        for star in stars:
            star["pos"][2] -= speed
            if star["pos"][2] < 64:
                if abs(star["pos"][0] - ship[0]) < 50 and \
                    abs(star["pos"][1] - ship[1]) < 50:
                    game _ over = True
                star["pos"] = [randint(-1600, 1600),
                                randint(-1600, 1600), 4095]


    # 그리기
    SURFACE.fill((0, 0, 0))
    stars = sorted(stars, key=lambda x: x["pos"][2],
                    reverse=True)
    for star in stars:
        zpos = star["pos"][2]
        xpos = ((star["pos"][0] - ship[0]) << 9) / zpos + 400
```

```
                ypos = ((star["pos"][1] - ship[1]) << 9) / zpos + 400
                size = (50 << 9) / zpos
                rotated = pygame.transform.rotozoom(rock_image,
                                        star["theta"], size / 145)
                SURFACE.blit(rotated, (xpos, ypos))

        SURFACE.blit(scope_image, (0, 0))

        if game_over:
            SURFACE.blit(message_over, message_rect)
            pygame.mixer.music.stop()

        # 점수 나타내기
        score_str = str(score).zfill(6)
        score_image = scorefont.render(score_str, True,
                                        (0, 255, 0))
        SURFACE.blit(score_image, (700, 50))

        pygame.display.update()
        FPSCLOCK.tick(20)

if __name__ == '__main__':
    main()
```

코드의 행 수는 100행 정도입니다. 매우 간단한 게임이므로 클래스는 사용하지 않았습니다. 함수도 main 한 가지뿐입니다.

1 ×× 좌표계

이 게임은 운석의 흩어진 공간을 내 캐릭터가 이동해 가는 것입니다. 그러나, 구현을 간단하게 하기 위해 내 캐릭터는 XY 평면 위를 이동할 뿐이며, 반대로 운석을 내 캐릭터에 접근하도록 XY 평면으로 향해서 움직입니다.

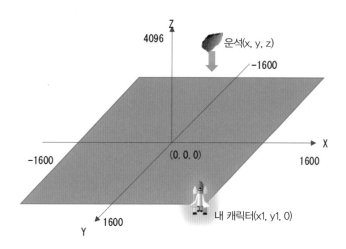

내 캐릭터와 운석의 좌표는 리스트를 사용해 관리합니다. 내 캐릭터는 항상 XY 평면에 있으므로 z는 항상 0입니다. 따라서 [x1, y1]처럼 요소 수가 2개인 리스트로 표현할 수 있습니다. 한편, 운석은 Z 축 방향으로 이동하므로 [x, y, z]와 같이 요소 수가 3개인 리스트가 필요합니다.

2 전역 변수·전역 코드

이번 게임에서 사용하는 전역 변수는 SURFACE(윈도)와 FPSCLOCK(프레임 레이트 조정용의 타이머) 두 가지입니다.

파일의 맨 앞에서 다음과 같이 모듈을 임포트합니다.

```
import sys
from random import randint
import pygame
from pygame.locals import QUIT, KEYDOWN, KEYUP, \
    K_LEFT, K_RIGHT, K_UP, K_DOWN
```

3 ╳ 함수

이번에 사용하는 함수는 main 하나뿐입니다. 이 함수 내에서 사용하는 변수를 다음에 열거합니다.

game_over	게임 오버인지 아닌지 여부의 플래그
score	점수
speed	속도(시간 경과와 함께 가속)
stars	운석을 저장하는 리스트
keymap	어느 키가 입력돼 있는지를 나타내는 리스트
ship	내 캐릭터의 좌표
scope_image	조준기 이미지
rock_image	운석 이미지

다음도 지역 변수지만 메시지 표시에 관련된 것입니다.

```
scorefont=pygame.font.SysFont(None, 36)
sysfont=pygame.font.SysFont(None, 72)
message_over=sysfont.render("GAME OVER!!", True,(0, 255, 225))
message_rect=message_over.get_rect()
message_rect.center=(400, 400)
```

다음의 코드에서 운석을 200개, 랜덤으로 배치합니다. 각각의 운석은 사전형 데이터 구조로 표현합니다. pos는 운석의 좌표, theta는 회전각입니다.

```
while len(stars) < 200:
    stars.append({
        "pos": [randint(-1600, 1600),
                randint(-1600, 1600), randint(0, 4095)],
        "theta": randint(0, 360)
    })
```

"pos": [randint(-1600, 1600), randint(-1600, 1600), randint(0, 4095)],

        X 축의 값   Y 축의 값   Z 축의 값

다음 while 문부터 메인 루프입니다. 이벤트 큐에서 이벤트 event를 취득하고 QUIT이면 게임을 종료합니다. keymap은 현재 어느 키가 입력돼 있는지 저장하는 리스트입니다. 이벤트가 KEYDOWN이고, keymap에 없으면 keymap에 추가합니다. 이벤트가 KEYUP이라면 keymap에서 제거합니다.

```python
while True:
    for event in pygame.event.get():
        if event.type == QUIT:
            pygame.quit()
            sys.exit()
        elif event.type == KEYDOWN:
            if not event.key in keymap:
                keymap.append(event.key)
        elif event.type == KEYUP:
            keymap.remove(event.key)
```

게임 오버가 아닐 때는 다음의 처리를 합니다. 프레임마다 score를 1 증가하고, score가 10배수가 되면 speed를 1 증가합니다.

```python
if not game_over:
    score += 1
    if score % 10 == 0:
        speed += 1

    if K_LEFT in keymap:
        ship[0] -= 30
    elif K_RIGHT in keymap:
        ship[0] += 30
    elif K_UP in keymap:
        ship[1] -= 30
    elif K_DOWN in keymap:
        ship[1] += 30

    ship[0] = max(-800, min(800, ship[0]))
    ship[1] = max(-800, min(800, ship[1]))
```

keymap의 상태에 따라서 내 캐릭터의 좌표(ship[0], ship[1])를 업데이트합니다. max와 min을 조합해서 좌표가 −800 이상 800 이하가 되도록 제한합니다. 이런 식은 보통의 계산식과 마찬가지로 괄호 안쪽부터 계산됩니다.

먼저, min(800, ship[0])으로 X 좌표와 800 중 작은 값을 구합니다. 이것으로 상한이 800으로 제한됩니다. 다음으로 max(−800, ⋯)으로 그 반환값과 −800을 비교해서 큰 값을 구합니다. 이와 같이 기술함으로써 if 문을 사용하지 않고 한 줄로 변수의 범위를 제한할 수 있습니다. 알아 두면 편리한 기법입니다.

다음은 운석을 이동하는 코드입니다.

```
for star in stars:
    star["pos"][2] -= speed
    if star["pos"][2] < 64:
        if abs(star["pos"][0] - ship[0]) < 50 and \
            abs(star["pos"][1] - ship[1]) < 50:
            game _ over = True
        star["pos"] = [randint(-1600, 1600),
                        randint(-1600, 1600), 4095]
```

for 문으로 차례로 운석을 꺼내고 있습니다. 운석의 정보는 사전형으로 관리합니다. star["pos"]로 좌표 리스트를 취득할 수 있습니다. star["pos"][2]가 Z 좌표값입니다. Z 좌표값을 speed만큼 줄이고 있습니다.

다음은 충돌 판정입니다. 운석이 XY 평면에 접근했는지를 star["pos"][2]<64로 판정합니다. 이 식이 True이면 나머지는 X, Y 좌표에서의 거리를 조사합니다. abs(a)는 절대값을 구하는 함수입니다. abs(star["pos"][0] − ship[0])으로 운석과 내 캐릭터의 X 축 방향의 거리를 구할 수 있습니다. 마찬가지로 Y 축 방향의 거리도 구하고, 이러한 값이 모두 50보다 작을 때 충돌 game_over = True로 간주합니다.

충돌하지 않을 때는 운석을 가장 먼 위치에 배치합니다.

나머지는 그리기입니다. 우선 배경을 검정색으로 빈틈없이 칠합니다.

```
SURFACE.fill((0, 0, 0))
stars = sorted(stars, key=lambda x: x["pos"][2], reverse=True)
```

이번 게임에서는 운석의 크기가 모두 같다고 가정합니다. 운석을 그릴 때는 멀리 있는 것을 먼저 그리지 않으면 왼쪽 아래 그림과 같이 부자연스럽습니다. 오른쪽 아래 그림에 있는 것처럼 먼 운석을 먼저 그리도록 sorted를 사용해 운석을 Z 축이 큰 순서대로 정렬합니다.

다음 코드는 운석을 그립니다.

```
for star in stars:
    zpos = star["pos"][2]
    xpos = ((star["pos"][0] - ship[0]) << 9) / zpos + 400
    ypos = ((star["pos"][1] - ship[1]) << 9) / zpos + 400
    size = (50 << 9) / zpos
    rotated = pygame.transform.rotozoom(rock_image,
                          star["theta"], size / 145)
    SURFACE.blit(rotated, (xpos, ypos))
```

x와 y 좌표값 계산에는 약간의 노력이 필요합니다. x부터 살펴봅시다. 내 캐릭터에서 바라본 모습(내 캐릭터를 시점의 중심으로)을 그리고자 먼저, (star["pos"][0] − ship[0])으로 운석과 내 캐릭터와 X 축의 차이를 구합니다. 그릴 때는 거리도 고려해야 합니다.

거리가 멀 때는 그리는 크기를 작게 함과 동시에 중심으로부터의 차이도 더 작게 해야 합니다.

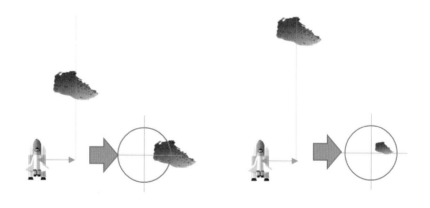

그래서 이 차이 (star["pos"][0] − ship[0])을 거리 zpos로 나눕니다.

다만, 모델이 되는 공간은 −1600부터 1600까지의 범위이므로 차이도 이 범위에 들어갑니다. 이 값을 단순히 거리로 나누면 값이 너무 작아져 입체감이 생기지 않습니다. 그래서 ((star["pos"][0] − ship[0]) ≪ 9)로 차이를 확대(512배)합니다. 이 값은 여러 가지를 시험해서 적당하게 설정한 것입니다.

여기에서 「≪」9가 왜 512배인지는 설명이 필요하겠죠. 이 「≪」는 시프트 연산자로 각 비트를 지정된 만큼 왼쪽 방향으로 시프트하는 것입니다. 이번에는 9비트 왼쪽 방향으로 이동합니다. 2진수는 자리올림하면 두 배가 됩니다. 가장 오른쪽의 비트가 1이었을 때 왼쪽으로 이동할 때마다 2, 4, 8, 16…으로 증가하는 것도 알 거라고 생각합니다. 예를 들어 6은 2진수로 110이지만 왼쪽으로 9개 이동하면 다음과 같이 512배가 되어 3072가 됩니다.

$$\begin{aligned} \texttt{0000 0000 0110} &= 6 \\ \texttt{1100 0000 0000} &= 6 \times 512 = 3072 \end{aligned}$$

그럼 왜 ((star["pos"][0] − ship[0]) * 512)라고 쓰지 않았을까요? 사실은 그렇게 써도 전혀 문제 없습니다. 다만, 일반적으로 시프트 연산은 매우 고속으로 실행됩니다. "딱 500배가 아니면 곤란해, 512는 안돼!" 처럼 엄격한 요구가 아니라면, 고속 연산을 위해 시프트 연산을 사용하는 선택사항도 있다는 것을 소개하고 싶어서 위와 같은 구현을 했습니다.

다음으로 512배 한 값을 zpos로 나누는데 이것은 앞에서 설명한 것처럼 먼 운석일수록 화면 중앙부터의 차이를 줄이기 위한 처리입니다. +400은 800×800이라는 그리기 영역의 중심을 원점으로 하기 위한 것입니다. Y 축 방향의 처리도 X 축 방향과 똑같습니다.

그리기용의 좌표를 구한다면 rotozoom 메서드에서 회전·줌한 이미지를 취득하고, SURFACE. blit(rotated,(xpos, ypos))로 그 이미지를 그립니다.

나머지는 조준기의 이미지를 그리고, 게임 오버 시에는 그 메시지를 나타내고, 점수를 나타냅니다. 점수를 0부터 시작하기 때문에 zfill 메서드를 사용합니다. zfill은 대상이 되는 문자열의 왼쪽을 「0」으로 채워주는 메서드입니다. 게임에서는 점수 등을 표시할 때, 자릿수를 정렬하기 위해서 맨 앞에 0을 붙일 때가 있는데 그 효과를 간단하게 표현할 수 있습니다.

```
        SURFACE.blit(scope_image, (0, 0))


        if game_over:
            SURFACE.blit(message_over, message_rect)
            pygame.mixer.music.stop()


        # 점수 나타내기
        score_str = str(score).zfill(6)
        score_image = scorefont.render(score_str, True,
                                        (0, 255, 0))
        SURFACE.blit(score_image, (700, 50))
```

마지막으로 그린 내용을 화면에 반영시키기 위해 pygame.display.update()를 호출하고 FPSCLOCK.tick(20)으로 프레임 레이트를 조정합니다.

지금까지 유사 3D 게임을 살펴봤습니다. 거리에 따라서 그리는 좌표를 변경한다는 사고방식은 실제 3D 모델을 그릴 때에도 이용할 수 있습니다. 꼭 익혀 둡시다.

Chapter
04 Snake

상하좌우 키로 Snake(뱀)를 조작해서 먹이를 먹습니다. 먹이를 하나 먹을 때마다 한 단계 성장합니다. 상하좌우의 벽, 자기에게 부딪히지 않고 어디까지 성장할 수 있을까요? 간단한 거에 비해선 중독성 있는 게임이라고 생각합니다.

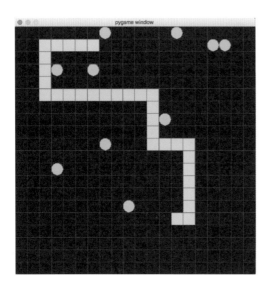

동작이 똑같은 게임이라도 만드는 방법은 무한히 많습니다. 이번에는 함수만으로 구현한 예와 클래스를 사용한 예의 두 종류를 만들었습니다. 먼저 함수만으로 구현한 버전을 살펴보세요.

```python
""" snake_bite.py - Copyright 2016 Kenichiro Tanaka """
import sys
import random
import pygame
from pygame.locals import QUIT, KEYDOWN,\
    K_LEFT, K_RIGHT, K_UP, K_DOWN, Rect

pygame.init()
SURFACE = pygame.display.set_mode((600, 600))
FPSCLOCK = pygame.time.Clock()


FOODS = []
SNAKE = []
(W, H) = (20, 20)


def add_food():
    """ 임의의 장소에 먹이를 배치 """
    while True:
        pos = (random.randint(0, W-1), random.randint(0, H-1))
        if pos in FOODS or pos in SNAKE:
            continue
        FOODS.append(pos)
        break

def move_food(pos):
    """ 먹이를 다른 장소로 이동 """
    i = FOODS.index(pos)
    del FOODS[i]
    add_food()

def paint(message):
    """ 화면 전체 그리기 """
    SURFACE.fill((0, 0, 0))
    for food in FOODS:
        pygame.draw.ellipse(SURFACE, (0, 255, 0),
                            Rect(food[0]*30, food[1]*30, 30, 30))
    for body in SNAKE:
```

```
                pygame.draw.rect(SURFACE, (0, 255, 255),
                                 Rect(body[0]*30, body[1]*30, 30, 30))
        for index in range(20):
            pygame.draw.line(SURFACE, (64, 64, 64), (index*30, 0),
                             (index*30, 600))
            pygame.draw.line(SURFACE, (64, 64, 64), (0, index*30),
                             (600, index*30))
        if message != None:
            SURFACE.blit(message, (150, 300))
        pygame.display.update()


def main():
    """ 메인 루틴 """
    myfont = pygame.font.SysFont(None, 80)
    key = K_DOWN
    message = None
    game_over = False
    SNAKE.append((int(W/2), int(H/2)))
    for _ in range(10):
        add_food()

    while True:
        for event in pygame.event.get():
            if event.type == QUIT:
                pygame.quit()
                sys.exit()
            elif event.type == KEYDOWN:
                key = event.key

        if not game_over:
            if key == K_LEFT:
                head = (SNAKE[0][0] - 1, SNAKE[0][1])
            elif key == K_RIGHT:
                head = (SNAKE[0][0] + 1, SNAKE[0][1])
            elif key == K_UP:
                head = (SNAKE[0][0], SNAKE[0][1] - 1)
            elif key == K_DOWN:
                head = (SNAKE[0][0], SNAKE[0][1] + 1)
```

```
        if head in SNAKE or \
           head[0] < 0 or head[0] >= W or \
           head[1] < 0 or head[1] >= H:
            message = myfont.render("Game Over!",
                                     True, (255, 255, 0))
            game_over = True

        SNAKE.insert(0, head)
        if head in FOODS:
            move_food(head)
        else:
            SNAKE.pop()

    paint(message)
    FPSCLOCK.tick(5)

if __name__ == '__main__':
    main()
```

1 ✕ 개요(함수 버전)

뱀도 먹이도 전역 변수 리스트로 데이터를 관리합니다. 배열로의 삽입과 삭제, 요소의 유무 판정 등 파이썬에서 리스트를 다룰 때의 예로서 도움이 될 것입니다.

2 ✕ 전역 변수

이번 게임에서는 다음의 전역 변수를 사용합니다.

FOODS	먹이의 좌표(x와 y 튜플)를 저장한 배열
SNAKE	뱀의 좌표(x와 y 튜플)를 저장한 배열
(W, H)	화면 폭 W와 높이 H

이 밖에 SURFACE(윈도)와 FPSCLOCK(프레임 레이트 조정용의 타이머)을 사용합니다.

add_food()

임의의 장소에 먹이를 배치하는 함수입니다. 이미 먹이가 있는 곳이나 뱀의 몸통에 겹치지 않게 합니다.

```
while True:
    pos = (random.randint(0, W-1), random.randint(0, H-1))
    if pos in FOODS or pos in SNAKE:
        continue
    FOODS.append(pos)
    break
```

random.randint()을 사용하여, 랜덤인 좌표 pos를 폭, 높이의 범위 내에서 구합니다. 그 장소가 배열 FOODS나 배열 SNAKE에 포함돼 있으면 난수 생성을 다시 하므로 continue 문으로 루프의 맨 앞으로 되돌아옵니다. in 연산자를 사용해서 배열에 포함돼 있는지 판정하는 것이 핵심입니다. 그렇지 않으면 새로운 좌표 pos를 FOODS에 추가하여 break로 while 문을 빠져나가 호출한 곳으로 되돌아옵니다.

이처럼 반복 루프 수를 사전에 모른다면 while 문을 사용하면 좋습니다.

move_food(pos)

인수로 주어진 먹이의 장소를 다른 곳으로 이동하는 함수입니다. i = FOODS.index(pos)로 인수의 좌표 번호를 구하고, 그 좌표를 del FOODS[i]로 배열에서 삭제합니다. 마지막으로 add_food()로 먹이를 새로운 장소에 추가합니다.

paint(message)

화면을 그리는 함수입니다. 먼저 SURFACE.fill((0, 0, 0))으로 화면을 검정으로 빈틈없이 칠합니다. 먹이와 뱀을 그리는 것이 다음 코드입니다.

```
for food in FOODS:
    pygame.draw.ellipse(SURFACE, (0, 255, 0),
                        Rect(food[0]*30, food[1]*30, 30, 30))
for body in SNAKE:
    pygame.draw.rect(SURFACE, (0, 255, 255),
                     Rect(body[0]*30, body[1]*30, 30, 30))
```

배열에서 좌표를 차례로 꺼내어 각각 원 ellipse와 직사각형 rect를 그립니다. 원은 pygame.draw. circle(Surface, 색상, 중심 좌표, 반지름)으로도 그릴 수 있습니다. 이번처럼 영역 속에 원과 타원을 그린다면 ellipse가 편리합니다. 상황에 맞게 사용해주세요.

다음 코드로 판의 선을 그립니다.

```
for index in range(20):
    pygame.draw.line(SURFACE, (64, 64, 64), (index*30, 0),
                     (index*30, 600))
    pygame.draw.line(SURFACE, (64, 64, 64), (0, index*30),
                     (600, index*30))
```

메시지인 message가 있을 때는 그것을 그리고, 마지막에 pygame.display.update()로 그릴 내용을 화면에 반영합니다.

main()

메인 루틴입니다. 폰트 작성, 키 코드 key의 초기화(처음에 아래 화살표를 누른 상태로 시작), 메시지용 변수인 message 초기화를 합니다. 뱀은 화면 중앙의 1좌표 (int(W/2), int(H/2))에서 시작합니다. 그 뒤 먹이를 10개 추가합니다.

```
for _ in range(10):
    add_food()
```

먹이의 수만큼(10회) 반복하고자 range(10)을 사용합니다. 번호는 이용하지 않으므로 「_」를 지정합니다. 번호에 i나 j와 같은 변수를 사용해도 전혀 문제 없습니다. 이번 샘플은 모두 Pylint라는 스타일 체커(프로그램에 문법적 실수가 없는지 또는 코딩 스타일이 규약을 따르고 있는지 검사하는 툴)로 검사합니다. Pylint은 명령 프롬프트에서 「pip install pylint」을 실행해 설치할 수 있습니다.

설치한 다음은 「pylint 파일명」이라고 사용해 검사할 수 있습니다.

실행 예를 다음에 나타냅니다. pygame을 확인 대상에서 제외할 때는 [--extension-pkg-whitelist=pygame]처럼 지정합니다.

```
c:\Temp>pylint --extension-pkg-whitelist=pygame snake _ bite.py
No config file found, using default configuration
************* Module snake _ bite
R: 44, 0: Too many branches (13/12) (too-many-branches)

Report
======
68 statements analysed.

Statistics by type
------------------


+---------+-------+-----------+-----------+------------+---------+
|type     |number |old number |difference |%documented |%badname |
+=========+=======+===========+===========+============+=========+
|module   |1      |1          |=          |100.00      |0.00     |
...
Global evaluation
-----------------
Your code has been rated at 9.85/10 (previous run: 3.97/10, +5.88)

c:\Temp>
```

여러 가지 정보가 표시되지만 최종적으로 "Your code has been rated at···"라고 10점 만점으로 평가가 이뤄집니다.

Pylint에서는 루프용 변수가 사용되지 않았다고 「변수~가 루프에서 사용되지 않습니다」라는 뜻의 경고를 출력합니다. 그것을 피하기 위해서 「_」를 사용했습니다. 다음과 같이 수정해도 됩니다.

```
while len(FOODS) < 10:
    and _ food()
```

while True: 부터 메인 루프입니다. 이벤트 큐에서 이벤트를 얻습니다. 이벤트가 QUIT이면 게임을 종료합니다. KEYDOWN이라면 그 키 코드를 key에 저장합니다.

if not game_over:는 게임 오버가 아닐 때 즉, 평상 시의 게임 처리를 하는 블록입니다. 키 상하좌우에 따라서 다음의 앞 head의 위치를 구합니다.

다음의 if 문으로 충돌 판정을 합니다.

```
if head in SNAKE or \                      ← 자신에게 충돌
   head[0] < 0 or head[0] >= W or \        ← 좌우 벽으로 충돌
   head[1] < 0 or head[1] >= H:            ← 상하 벽으로 충돌
      message = myfont.render("Game Over!", True, (255, 255, 0))
      game_over = True
```

아무거나 하나라도 충돌 판정이 True로 되면 게임 오버입니다.

다음의 코드로 뱀을 움직입니다. 맨 앞의 head를 삽입하고 만약 그 장소에 먹이가 있으면 move_food(head)로 그 위치에 있는 먹이를 움직입니다. 그렇지 않으면 뱀의 꼬리를 pop()으로 제거합니다.

```
         SNAKE.insert(0, head)
         if head in FOODS:
             move_food(head)
         else:
             SNAKE.pop()
```

insert는 배열의 지정된 장소에 요소를 삽입하는 메서드입니다. pop은 맨 끝에서 요소를 꺼내는 메서드입니다. 나머지는 paint(message)로 화면을 그리고 FPSCLOCK.tick(5)로 FPS를 조정합니다.

다음으로 객체지향 버전의 소스의 차례입니다.

뱀을 Snake 클래스로 구현했습니다. 전체 코드 행 수는 조금 길어졌지만 main() 함수는 보기에 깔
끔합니다. 함수 버전과 중복되는 부분은 설명을 생략합니다.

소스 코드: 객체 지향 버전(snake_bite_oop.py)

```python
""" snake _ bite _ oop.py - Copyright 2016 Kenichiro Tanaka """
import sys
import random
import pygame
from pygame.locals import QUIT, \
    KEYDOWN, K _ LEFT, K _ RIGHT, K _ UP, K _ DOWN, Rect


pygame.init()
pygame.key.set _ repeat(5, 5)
SURFACE = pygame.display.set _ mode([600, 600])
FPSCLOCK = pygame.time.Clock()


class Snake:
    """ Snake 객체 """
    def __init__(self, pos):
        self.bodies = [pos]


    def move(self, key):
        """ Snake를 1프레임만큼 이동 """
        xpos, ypos = self.bodies[0]
        if key == K _ LEFT:
            xpos -= 1
        elif key == K _ RIGHT:
            xpos += 1
        elif key == K _ UP:
            ypos -= 1
        elif key == K _ DOWN:
            ypos += 1
        head = (xpos, ypos)
```

```python
            # 게임 오버 판정
            is_game_over = head in self.bodies or  \
                head[0] < 0 or head[0] >= W or \
                head[1] < 0 or head[1] >= H

            self.bodies.insert(0, head)
            if head in FOODS:
                # 먹이를 다른 장소로 이동
                i = FOODS.index(head)
                del FOODS[i]
                add_food(self)
            else:
                self.bodies.pop()

            return is_game_over

    def draw(self):
        """ Snake를 그린다 """
        for body in self.bodies:
            pygame.draw.rect(SURFACE, (0, 255, 255),
                             Rect(body[0]*30, body[1]*30, 30, 30))

FOODS = []
(W, H) = (20, 20)

def add_food(snake):
    """ 임의의 장소에 먹이를 배치 """
    while True:
        pos = (random.randint(0, W-1), random.randint(0, H-1))
        if pos in FOODS or pos in snake.bodies:
            continue
        FOODS.append(pos)
        break

def paint(snake, message):
    """ 화면 전체 그리기 """
    SURFACE.fill((0, 0, 0))
    snake.draw()
```

```python
    for food in FOODS:
        pygame.draw.ellipse(SURFACE, (0, 255, 0),
                            Rect(food[0]*30, food[1]*30, 30, 30))
    for index in range(20):
        pygame.draw.line(SURFACE, (64, 64, 64),
                         (index*30, 0), (index*30, 600))
        pygame.draw.line(SURFACE, (64, 64, 64),
                         (0, index*30), (600, index*30))
    if message != None:
        SURFACE.blit(message, (150, 300))
    pygame.display.update()


def main():
    """ 메인 루틴 """
    myfont = pygame.font.SysFont(None, 80)
    key = K_DOWN
    message = None
    game_over = False
    snake = Snake((int(W/2), int(H/2)))
    for _ in range(10):
        add_food(snake)

    while True:
        for event in pygame.event.get():
            if event.type == QUIT:
                pygame.quit()
                sys.exit()
            elif event.type == KEYDOWN:
                key = event.key

        if game_over:
            message = myfont.render("Game Over!", True, (255, 255, 0))
        else:
            game_over = snake.move(key)

        paint(snake, message)
        FPSCLOCK.tick(5)


if __name__ == '__main__':
    main()
```

뱀의 초기화, 이동, 그리기를 클래스로 구현합니다.

__init__(self, pos)

생성자로 객체를 초기화합니다. 인수 pos는 초기 좌표입니다.

```
self.bodies = [pos]
```

bodies는 뱀의 좌표를 저장한 리스트입니다. 함수 버전의 전역 변수 SNAKE에 해당하는 것입니다.
생성자에서는 이 리스트를 pos로 초기화합니다.

move(self, key)

뱀을 이동하는 메서드입니다. 인수로 키 코드를 받습니다. 맨 앞의 X 좌표와 Y 좌표를 지역 변수
xpos, ypos에 저장합니다.

```
xpos, ypos = self.bodies[0]
```

키 값에 따라서 xpos와 ypos 값을 적절하게 변경하고, 앞 head의 좌표를 (xpos, ypos)로 초기화합
니다.

게임 오버의 판정은 함수 버전과 같습니다. 결과를 지역 변수 is_game_over에 저장합니다.

```
is_game_over = head in self.bodies or \
    head[0] < 0 or head[0] >= W or \
    head[1] < 0 or head[1] >= H
```

새로운 앞 head를 배열 bodies의 맨 앞에 삽입합니다. 만약 head가 FOODS에 포함돼 있으면 먹
이를 먹은 것입니다. 그때는 먹이를 다른 장소로 이동합니다. 그렇지 않으면 bodies의 맨 끝을 삭제
합니다. 마지막으로 is_game_over를 함수의 반환값으로써 반환합니다.

```
        self.bodies.insert(0, head)
        if head in FOODS:
            # 먹이를 다른 장소로 이동
            i = FOODS.index(head)
            del FOODS[i]
            add _ food(self)
        else:
            self.bodies.pop()
        return is _ game _ over
```

draw(self)

뱀을 그립니다. 배열 bodies에서 차례로 요소를 꺼내 그 요소의 위치에 직사각형을 그립니다.

여기까지 클래스까지의 내용을 살펴봤습니다. "함수 버전과 크게 다르지 않네."라는 생각이 들진 않았나요? 객체지향적인 접근에서는 클래스를 작성하는 쪽보다도 호출하는 측이 장점을 실감할 수 있을 것이라 생각합니다. 그럼 호출 측이 되는 함수를 살펴봅시다.

add_food(snake)

랜덤인 장소에 먹이를 배치합니다. 처리 내용은 함수 버전과 같습니다.

paint(snake, message)

처리 내용은 함수 버전과 거의 같습니다. 뱀을 그리는 코드가 snake.draw()라는 점만 다릅니다.

main()

메인 루프 들어가기 전의 부분은 함수 버전과 같습니다. 메인 루프는 다음과 같습니다. 앞부분의 이벤트 큐에서 이벤트를 꺼내는 부분은 같습니다. 다른 것은 뒷부분입니다.

```
    while True:
        for event in pygame.event.get():
            if event.type == QUIT:
                pygame.quit()
                sys.exit()
            elif event.type == KEYDOWN:
                key = event.key

        if game_over:
            message = myfont.render("Game Over!", True,
                                    (255, 255, 0))
        else:
            game_over = snake.move(key)

        paint(snake, message)
        FPSCLOCK.tick(5)
```

snake.move(key)로 뱀을 움직이고 paint(snake, message)로 화면을 그렸습니다. 함수 버전에 비하면 훨씬 간단하게 된 것을 알 수 있습니다.

객체지향 버전의 설명은 이상입니다. 이 정도 규모의 프로그램에서는 클래스를 도입한 이점은 별로 실감할 수 없었을지도 모르겠습니다. 그러나 규모가 커졌을 때 클래스는 그 진가를 발휘합니다.

사람은 추상화를 잘합니다. 복잡한 현상은 추상화해서 생각합니다. 프로그래밍도 마찬가지입니다.

함수는 복잡한 처리를 하나로 정리해서 추상화합니다. 지금껏 살펴본 프로그램을 함수를 사용하지 않고 기술할 수 있을까요? 아마도 매우 힘들 것입니다.

클래스를 사용한 추상화는 함수를 사용한 추상화를 좀 더 나아간 것입니다. 상황이 복잡해졌을 때 일수록 추상화의 진가가 발휘됩니다. 앞으로 몇 가지 게임을 소개하는데 클래스를 사용한 것도 적지 않습니다. 「클래스가 없었다면 어떨까」라고 생각하면서 읽는다면 그 의의를 더욱 이해할 수 있을 것입니다.

Chapter
05 블록 깨기

설명이 필요 없는 유명한 게임입니다. 화면 아래에 있는 패들을 조작해서 공을 튕겨서 화면 위에 있는 블록을 전부 제거하면 됩니다.

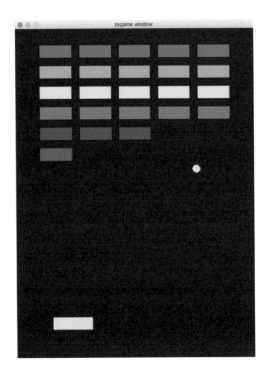

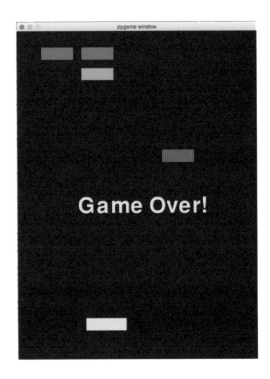

```python
""" blocks.py - Copyright 2016 Kenichiro Tanaka """
import sys
import math
import random
import pygame
from pygame.locals import QUIT, KEYDOWN, K_LEFT, K_RIGHT, Rect


class Block:
    """ 블록, 공, 패들 객체 """
    def __init__(self, col, rect, speed=0):
        self.col = col
        self.rect = rect
        self.speed = speed
        self.dir = random.randint(-45, 45) + 270

    def move(self):
        """ 공을 움직인다 """
        self.rect.centerx += math.cos(math.radians(self.dir))\
            * self.speed
        self.rect.centery -= math.sin(math.radians(self.dir))\
            * self.speed

    def draw(self):
        """ 블록, 공, 패들을 그린다 """
        if self.speed == 0:
            pygame.draw.rect(SURFACE, self.col, self.rect)
        else:
            pygame.draw.ellipse(SURFACE, self.col, self.rect)


def tick():
    """ 프레임별 처리 """
    global BLOCKS
    for event in pygame.event.get():
        if event.type == QUIT:
            pygame.quit()
            sys.exit()
        elif event.type == KEYDOWN:
```

```
                if event.key == K_LEFT:
                    PADDLE.rect.centerx -= 10
                elif event.key == K_RIGHT:
                    PADDLE.rect.centerx += 10
        if BALL.rect.centery < 1000:
            BALL.move()


        # 블록과 충돌?
        prevlen = len(BLOCKS)
        BLOCKS = [x for x in BLOCKS
                    if not x.rect.colliderect(BALL.rect)]
        if len(BLOCKS) != prevlen:
            BALL.dir *= -1


        # 패들과 충돌?
        if PADDLE.rect.colliderect(BALL.rect):
            BALL.dir = 90 + (PADDLE.rect.centerx - BALL.rect.centerx) \
                / PADDLE.rect.width * 80


        # 벽과 충돌?
        if BALL.rect.centerx < 0 or BALL.rect.centerx > 600:
            BALL.dir = 180 - BALL.dir
        if BALL.rect.centery < 0:
            BALL.dir = -BALL.dir
            BALL.speed = 15


pygame.init()
pygame.key.set_repeat(5, 5)
SURFACE = pygame.display.set_mode((600, 800))
FPSCLOCK = pygame.time.Clock()
BLOCKS = []
PADDLE = Block((242, 242, 0), Rect(300, 700, 100, 30))
BALL = Block((242, 242, 0), Rect(300, 400, 20, 20), 10)


def main():
    """ 메인 루틴 """
    myfont = pygame.font.SysFont(None, 80)
    mess_clear = myfont.render("Cleared!", True, (255, 255, 0))
    mess_over = myfont.render("Game Over!", True, (255, 255, 0))
```

```
fps = 30
colors = [(255, 0, 0), (255, 165, 0), (242, 242, 0),
          (0, 128, 0), (128, 0, 128), (0, 0, 250)]

for ypos, color in enumerate(colors, start=0):
    for xpos in range(0, 5):
        BLOCKS.append(Block(color,
                Rect(xpos * 100 + 60, ypos * 50 + 40, 80, 30)))

while True:
    tick()

    SURFACE.fill((0, 0, 0))
    BALL.draw()
    PADDLE.draw()
    for block in BLOCKS:
        block.draw()

    if len(BLOCKS) == 0:
        SURFACE.blit(mess_clear, (200, 400))
    if BALL.rect.centery > 800 and len(BLOCKS) > 0:
        SURFACE.blit(mess_over, (150, 400))

    pygame.display.update()
    FPSCLOCK.tick(fps)

if __name__ == '__main__':
    main()
```

1 ×× 개요

화면 위에 그려진 요소는 패들, 블록, 공 세 가지입니다. 얼핏 보면 다른 것 같지만 단색으로 빈틈없이 칠하는 일정 영역이 있다는 공통점이 있습니다.

	패들	블록	공
그리기	직사각형, 칠하는 영역은 Rect로 지정	직사각형, 칠하는 영역은 Rect로 지정	원, 칠하는 영역은 Rect로 지정
동작	사용자가 움직인다	움직이지 않는다	자동으로 움직인다

공은 원형으로 스스로 이동하기 때문에 방향과 속도 정보가 필요합니다. 그래서 속도 프로퍼티를 갖게 해서 속도가 1이면 직사각형, 그렇지 않으면 원형으로 구별하게 했습니다.

3가지를 다른 클래스로 구현해도 됩니다. 이번은 코드양을 줄이려고 하나의 클래스로 구현했습니다.

2 ×× 전역 변수

이번 게임에서는 다음 전역 변수를 사용합니다.

BLOCKS	블록 객체를 저장하는 리스트
PADDLE	패들 객체(Block 클래스의 인스턴스)
BALL	공 객체(Block 클래스의 인스턴스)

또한, SURFACE(윈도)와 FPSCLOCK(프레임 레이트 조정용의 타이머) 변수를 사용합니다.

3 ×× 클래스와 함수

Block 클래스

프로퍼티

col	채우는 색
rect	그리는 직사각형(위치와 크기)

speed	이동 속도. 공만. 기본값 0
dir	이동 방향(단위: 도) 공만 사용

메서드

move	공을 움직인다
draw	그린다(공: 원, 기타: 직사각형)

프로퍼티는 생성자에서 초기화합니다.

```
def __init__(self, col, rect, speed=0):
```

speed=0으로 기본값을 지정했습니다. 공의 객체를 작성할 때는 속도 speed를 지정합니다. 블록과 패들은 속도를 지정하지 않습니다. 공의 발사 각도는 270도를 중심으로 해 ±45도가 되도록 난수로 정합니다.

```
self.dir = random.randint(-45, 45) + 270
```

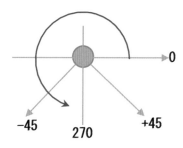

공의 이동은 move 메서드에서 실시합니다.

```
self.rect.centerx += math.cos(math.radians(self.dir))\
    * self.speed
self.rect.centery -= math.sin(math.radians(self.dir))\
    * self.speed
```

방향 dir을 함수 math.radians()를 사용해 라디안으로 변환하고, 그 값을 cos/sin에 넘겨서 X축 방향과 Y축 방향의 성분을 구하며, 마지막으로 speed를 곱해서 실제의 이동량을 구합니다.

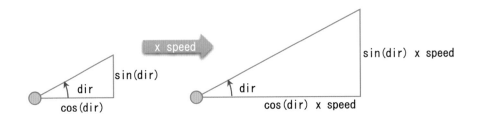

PC 화면에서는 Y 축은 아래 방향이 양수이므로, centery에 값을 더할 때 거꾸로 맞추는 것에 주의하세요.

그리기는 draw 메서드에서 실시하는데, speed가 0인지 아닌지 여부로 직사각형이나 원을 전환합니다. 지정된 곳 rect에 지정된 색 col로 단순히 그릴 뿐입니다.

tick()

매 프레임마다 호출되는 함수입니다. pygame 이벤트를 꺼내고, QUIT이면 게임을 종료합니다. 이벤트 종류 type이 KEYDOWN일 때, 그 key가 K_LEFT라면 패들의 X 좌표를 −10, K_RIGHT라면 +10 합니다. 이로써 좌우 키를 누르면 패들이 이동합니다. 다음에 BALL.move()로 공을 이동합니다.

이동한 뒤에는 충돌 판정을 합니다. 먼저 블록과의 충돌입니다. 처음에 충돌 전의 블록을 셉니다. 다음에 볼과 충돌한 블록을 리스트에서 삭제합니다. 마지막으로 충돌 후의 블록을 셉니다. 충돌 전과 충돌 후의 블록 수가 다르다면 「공이 블록에 맞은 것」이므로 공 방향을 바꿉니다. 그 부분의 코드는 다음과 같습니다.

```
prevlen = len(BLOCKS)
BLOCKS = [x for x in BLOCKS
          if not x.rect.colliderect(BALL.rect)]
if len(BLOCKS) != prevlen:
    BALL.dir *= -1
```

충돌 전의 블록 수를 len(BLOCKS)로 구하고, 변수 prevlen에 저장합니다. 충돌한 블록을 삭제하는 처리는 리스트 내포 표기를 사용해 기술합니다.

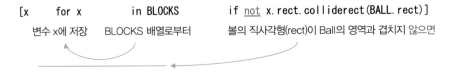

Rect 클래스의 colliderect 메서드를 사용해 2개 영역이 중복되는지를 검출합니다. 이처럼 리스트 내포 표기를 사용하면 「BLOCKS 배열 안에서 BALL과 겹치지 않는 요소로 구성된 리스트를 반환」하는 처리를 간단하게 기술합니다.

볼 방향을 바꾸는 것은 BALL.dir *= −1 처리입니다.

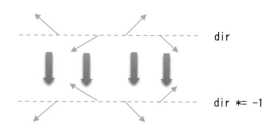

예를 들어, 45도 각도로 나가는 공이 −45도로 방향을 바꾸는 상황을 생각하면 −1을 곱하는 의미를 알 것이라 생각합니다.

다음은 패들과의 충돌입니다. 패들과의 충돌도 Rect의 colliderect 메서드를 사용합니다. 패들에 부딪혀 반사할 때는 충돌 장소에 따라 반사각이 변하도록 조정합니다. 윗 방향이 90도입니다. 패들 중심과 공 중심의 거리를 구하고 그 값을 패들 폭으로 나눕니다. 그 값에 상수(임시로 80)를 곱해서 중심 90을 더합니다.

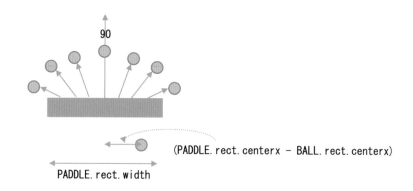

좌우 벽과의 충돌 판정·반사용 코드는 다음과 같습니다. x축 값이 0 미만이나, 600보다 크면 충돌로 간주합니다.

```
if BALL.rect.centerx < 0 or BALL.rect.centerx > 600:
    BALL.dir = 180 - BALL.dir
```

왜 180 - BALL..dir 식으로 반사각을 계산하는지 다음 그림을 통해 설명합니다.

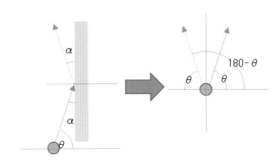

좌우 그림을 보면 벽에 입사하는 각도 α와 반사각 α는 같아야만 합니다. 다만, 실제로 공의 움직이는 방향은 자신이 중심이 되므로, α가 아닌 θ입니다. 반사 후의 공 방향은 오른쪽 위 그림과 같이 「180-θ」입니다. 입사각과 반사각이 아닌 공이 향하는 방향을 변화시켜야 해야 하는 것에 주의하세요.

위의 벽과의 충돌 판정과 반사는 다음 코드입니다. Y 축 값이 0 미만이면 충돌로 합니다. 속도를 가속하고 있는 것을 알 수 있습니다.

```
if BALL.rect.centery < 0:
    BALL.dir = -BALL.dir
    BALL.speed = 15
```

main()

먼저 폰트를 만들고 클리어 시와 게임 오버 시의 비트맵을 작성합니다. 변수 fps(frame per second: 1초 동안의 프레임 수)와 colors를 초기화합니다. 블록을 배치하는 건 다음 부분입니다.

```
for ypos, color in enumerate(colors, start=0):
    for xpos in range(0, 5):
        BLOCKS.append(Block(color,
            Rect(xpos * 100 + 60, ypos * 50 + 40, 80, 30)))
```

색을 차례로 꺼내고, 블록 장소를 계산하기 위한 번호도 필요하기 때문에 enumerate 함수를 사용했습니다. 이것은 이터러블 객체를 반환하는 함수로 번호(0부터 시작하는 요소의 순서)와 요소로 구성된 튜플을 되돌려줍니다.

```
colors = [(255, 0, 0), (255, 165, 0), (242, 242, 0), (0, 128, 0), (128, 0, 128), (0, 0, 250)]
for ypos, color in enumerate(colors, start=0):
```

	영 번째	첫 번째	두 번째
ypos, color	(0, (255, 0, 0))	(1, (255, 165, 0))	(2, (242, 242, 0)) ···

ypos가 세로 방향의 번호, xpos가 가로 방향의 번호입니다. 이러한 값을 사용해서 X와 Y 좌표의 위치를 계산하고 블록 객체를 만들고 배열 BLOCKS에 추가하는 것이 다음 줄입니다.

```
BLOCKS.append(Block(color,
            Rect(xpos * 100 + 60, ypos * 50 + 40, 80, 30)))
```

나머지는 while 문으로 메인 루프에 진입합니다. tick()에서 프레임별 처리를 하고 SURFACE. fill((0, 0, 0))으로 화면을 검정으로 칠하고 공, 패들, 블록을 그립니다.

리스트 BLOCKS의 길이가 0이 되었을 때, 모든 블록을 지웠다는 뜻으로 클리어 메시지를 표시합니다. 반대로 공의 Y 좌표가 800보다 커질 때는 공이 화면 아래를 지나간 것으로 게임 오버 메시지를 표시합니다.

마지막으로 pygame.display.update()로 그린 것을 화면에 반영하고 FPSCLOCK.tick(fps)로 일정 FPS 수가 되도록 조정합니다.

게임 설명은 이상입니다. 대략 100줄로 채우겠다는 목표를 아슬아슬하게 달성했습니다. 게임으로서의 완성도는 아직 멀었습니다. 점수를 추가하거나 여러 스테이지를 준비하거나 공 갯수를 여러 개로 하거나 추가할 사항은 많습니다. 꼭 높은 품질의 오리지널 블록 깨기 게임을 만들어 보세요.

Chapter

06 아스테로이드

좌우 키로 방향을 바꾸고, 상하 키로 앞뒤로 이동합니다. 가속도가 붙기 때문에 조작하는데 숙달이 필요합니다. 스페이스 키를 눌러 미사일을 발사하고 운석을 모두 파괴하세요.

소스 코드(asteroid.py)

```
""" asteroid.py - Copyright 2016 Kenichiro Tanaka """
import sys
from math import radians, sin, cos
from random import randint
import pygame
from pygame.locals import Rect, QUIT, KEYDOWN, KEYUP, \
    K_SPACE, K_LEFT, K_RIGHT, K_UP, K_DOWN
```

```python
pygame.init()
pygame.key.set_repeat(5, 5)
SURFACE = pygame.display.set_mode((800, 800))
FPSCLOCK = pygame.time.Clock()


class Drawable:
    """ 전체의 그리기 객체의 부모 클래스 """
    def __init__(self, rect):
        self.rect = rect
        self.step = [0, 0]


    def move(self):
        """ 그리기 대상을 이동한다 """
        rect = self.rect.center
        xpos = (rect[0] + self.step[0]) % 800
        ypos = (rect[1] + self.step[1]) % 800
        self.rect.center = (xpos, ypos)


class Rock(Drawable):
    """ 운석 객체 """
    def __init__(self, pos, size):
        super(Rock, self).__init__(Rect(0, 0, size, size))
        self.rect.center = pos
        self.image = pygame.image.load("rock.png")
        self.theta = randint(0, 360)
        self.size = size
        self.power = 128 / size
        self.step[0] = cos(radians(self.theta)) * self.power
        self.step[1] = sin(radians(self.theta)) * -self.power


    def draw(self):
        """ 운석을 그린다 """
        rotated = pygame.transform.rotozoom(self.image,\
            self.theta, self.size / 64)
        rect = rotated.get_rect()
        rect.center = self.rect.center
        SURFACE.blit(rotated, rect)
```

```python
    def tick(self):
        """ 운석을 이동한다 """
        self.theta += 3
        self.move()


class Shot(Drawable):
    """ 총알 객체 """
    def __init__(self):
        super(Shot, self).__init__(Rect(0, 0, 6, 6))
        self.count = 40
        self.power = 10
        self.max_count = 40


    def draw(self):
        """ 총알을 그린다 """
        if self.count < self.max_count:
            pygame.draw.rect(SURFACE, (225, 225, 0), self.rect)


    def tick(self):
        """ 총알을 이동한다 """
        self.count += 1
        self.move()


class Ship(Drawable):
    """ 내 캐릭터 객체 """
    def __init__(self):
        super(Ship, self).__init__(Rect(355, 370, 90, 60))
        self.theta = 0
        self.power = 0
        self.accel = 0
        self.explode = False
        self.image = pygame.image.load("ship.png")
        self.bang = pygame.image.load("bang.png")


    def draw(self):
        """ 내 캐릭터를 그린다 """
        rotated = pygame.transform.rotate(self.image, self.theta)
        rect = rotated.get_rect()
        rect.center = self.rect.center
```

```
            SURFACE.blit(rotated, rect)
        if self.explode:
            SURFACE.blit(self.bang, rect)


    def tick(self):
        """ 내 캐릭터를 움직인다 """
        self.power += self.accel
        self.power *= 0.94
        self.accel *= 0.94
        self.step[0] = cos(radians(self.theta)) * self.power
        self.step[1] = sin(radians(self.theta)) * -self.power
        self.move()


def key_event_handler(keymap, ship):
    """ 키 이벤트를 처리한다 """
    for event in pygame.event.get():
        if event.type == QUIT:
            pygame.quit()
            sys.exit()
        elif event.type == KEYDOWN:
            if not event.key in keymap:
                keymap.append(event.key)
        elif event.type == KEYUP:
            keymap.remove(event.key)


    if K_LEFT in keymap:
        ship.theta += 5
    elif K_RIGHT in keymap:
        ship.theta -= 5
    elif K_UP in keymap:
        ship.accel = min(5, ship.accel + 0.2)
    elif K_DOWN in keymap:
        ship.accel = max(-5, ship.accel - 0.1)

def main():
    """ 메인 루틴 """
    sysfont = pygame.font.SysFont(None, 72)
    scorefont = pygame.font.SysFont(None, 36)
    message_clear = sysfont.render("!!CLEARED!!",
```

```
                                         True,  (0, 255, 225))
message_over = sysfont.render("GAME OVER!!",
                                         True,  (0, 255, 225))
message_rect = message_clear.get_rect()
message_rect.center = (400, 400)


keymap = []
shots = []
rocks = []
ship = Ship()
game_over = False
score = 0
back_x, back_y = 0, 0
back_image = pygame.image.load("bg.png")
back_image = pygame.transform.scale2x(back_image)


while len(shots) < 7:
    shots.append(Shot())


while len(rocks) < 4:
    pos = randint(0, 800), randint(0, 800)
    rock = Rock(pos, 64)
    if not rock.rect.colliderect(ship.rect):
        rocks.append(rock)


while True:
    key_event_handler(keymap, ship)

    if not game_over:
        ship.tick()

        # 운석을 이동
        for rock in rocks:
            rock.tick()
            if rock.rect.colliderect(ship.rect):
                ship.explode = True
                game_over = True


        # 총알을 이동
```

```
            fire = False
            for shot in shots:
                if shot.count < shot.max_count:
                    shot.tick()

                    # 총알과 운석의 충돌 처리
                    hit = None
                    for rock in rocks:
                        if rock.rect.colliderect(shot.rect):
                            hit = rock
                    if hit != None:
                        score += hit.rect.width * 10
                        shot.count = shot.max_count
                        rocks.remove(hit)
                        if hit.rect.width > 16:
                            rocks.append(Rock(hit.rect.center,
                                    hit.rect.width / 2))
                            rocks.append(Rock(hit.rect.center,
                                    hit.rect.width / 2))
                        if len(rocks) == 0:
                            game_over = True

                elif not fire and K_SPACE in keymap:
                    shot.count = 0
                    shot.rect.center = ship.rect.center
                    shot_x = shot.power * cos(radians(ship.theta))
                    shot_y = shot.power * -sin(radians(ship.theta))
                    shot.step = (shot_x, shot_y)
                    fire = True

# 배경 그리기
back_x = (back_x + ship.step[0] / 2) % 1600
back_y = (back_y + ship.step[1] / 2) % 1600
SURFACE.fill((0, 0, 0))
SURFACE.blit(back_image, (-back_x, -back_y),
            (0, 0, 3200, 3200))

# 각종 객체를 그리기
ship.draw()
```

```
        for shot in shots:
            shot.draw()
        for rock in rocks:
            rock.draw()

        # 점수 나타내기
        score_str = str(score).zfill(6)
        score_image = scorefont.render(score_str, True, (0, 255, 0))
        SURFACE.blit(score_image, (700, 10))

        # 메시지 나타내기
        if game_over:
            if len(rocks) == 0:
                SURFACE.blit(message_clear, message_rect.topleft)
            else:
                SURFACE.blit(message_over, message_rect.topleft)

        pygame.display.update()
        FPSCLOCK.tick(20)

if __name__ == '__main__':
    main()
```

1 · 개요

프로그램이 다소 복잡할 것 같아 클래스를 사용했습니다. 그리는 대상이 내 캐릭터 Ship, 총알 Shot, 운석 Rock으로 세 가지이므로 각각 클래스를 준비했습니다. 이 세 가지에는 그린다는 공통점이 있으므로 공통의 부모 클래스 Drawable을 준비했습니다.

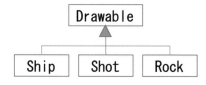

Drawable 클래스

전체의 그리기 대상에서 공통 기능을 제공하는 부모 클래스입니다. 실제로 생성되는 객체는 Drawable 클래스를 상속받는 Ship, Shot, Rock 클래스로 Drawable 클래스의 객체는 아닙니다.

프로퍼티

rect	그리는 직사각형(위치와 크기)
step	한 프레임에서 이동하는 양
move	rect를 step만큼 움직인다

프로퍼티는 생성자에서 초기화합니다.

메서드

```
def __init__(self, rect):
```

이동용 메서드는 800으로 나눈 나머지를 구하는 것으로 화면 끝에 도달하면 반대측에서 나타나게 됩니다.

```
xpos = (rect[0] + self.step[0]) % 800
ypos = (rect[1] + self.step[1]) % 800
```

예를 들어 내 캐릭터가 왼쪽 방향으로 이동해서 화면 왼쪽 끝에 도달한다고 합시다. rect[0]가 원위치, self.step[0]이 이동량입니다 그것들의 합계가 만일 −10일 때, 800으로 나눈 나머지를 구하면 「(−10)%800=790」으로 화면의 오른쪽에 출현하게 됩니다.

Rock 클래스

클래스 선언으로 「class Rock(Drawable):」과 같이 이 클래스는 Drawable 클래스를 상속받기 때문에 Drawable 클래스의 특징을 모두 물려받습니다.

프로퍼티

image	운석 이미지
theta	운석이 이동하는 방향(도(度) 단위)
size	운석의 크기(총알과 충돌 시에 크기 변경)

power	이동 속도(운석 크기에 역비례)

메서드

draw	운석을 현재의 각도·크기로 그린다
tick	한 프레임분의 회전과 이동을 실시한다

프로퍼티는 생성자에서 초기화합니다.

```
def __init__(self, pos, size):
    super(Rock, self).__init__(Rect(0, 0, size, size))
    self.rect.center = pos
    self.image = pygame.image.load("rock.png")
    self.theta = randint(0, 360)
    self.size = size
    self.power = 128 / size
    self.step[0] = cos(radians(self.theta)) * self.power
    self.step[1] = sin(radians(self.theta)) * -self.power
```

운석 위치 pos와 운석 크기 size를 인수로 받았습니다. 다음 줄에서는 부모 클래스를 초기화합니다.

```
super().__init__(Rect(0, 0, size, size))
```

super란 부모 클래스를 뜻합니다. 그 생성자인 __init__를 호출합니다. 부모 클래스의 생성자의 인수로서 Rect 객체를 만듭니다.

```
self.rect.center = pos
```

위의 행에서 부모 클래스의 프로퍼티 rect의 center를 인수로 받은 pos로 설정하고 있습니다. Image(이미지), theta(운석이 향하는 방향), size(운석의 크기)와 프로퍼티를 초기화합니다.

```
self.power = 128 / size
self.step[0] = cos(radians(self.theta)) * self.power
self.step[1] = sin(radians(self.theta)) * -self.power
```

power는 속도입니다. 크기가 작을수록 속도를 빠르게 하기 위해 운석의 크기를 역수로 했습니다. 예를 들어, 크기가 64라면 속도는 2, 크기는 32라면 속도는 4와 같은 식입니다. 마지막으로 매 프레임 이동량 step을 구합니다. 이동 방향 theta를 라디언 단위로 변환하고, cos과 sin을 사용해 X축 방향, Y 축 방향의 이동량을 구합니다.

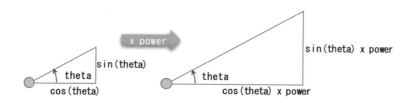

draw는 운석을 그리는 메서드입니다.

```
def draw(self):
    """ 운석을 그린다 """
    rotated = pygame.transform.rotozoom(self.image,\
        self.theta, self.size / 64)
    rect = rotated.get_rect()
    rect.center = self.rect.center
    SURFACE.blit(rotated, rect)
```

회전과 줌을 동시에 하기 위해 transform 클래스의 rotozoom 메서드를 사용합니다. 이 메서드에서는 첫 번째 인수에 대상 이미지, 두 번째 인수에 회전 각도, 세 번째 인수에 배율을 지정합니다. 반환값으로서 회전과 줌이 적용된 이미지가 반환됩니다.

rotozoom(Surface, angle, scale) → Surface

get_rect()로 회전·줌 후의 이미지가 차지하는 직사각형을 구하고, rect.center = self.rect.center로 이미지의 중심을 운석의 중심에 맞춰서 blit로 그립니다. 이와 같이 처리함으로써 중심을 고정한 채로 회전할 수 있습니다.

tick은 프레임별 처리하는 메서드입니다. 3도 회전시켜 move 메서드로 자신을 이동합니다.

Shot 클래스

총알을 표현하는 클래스입니다. Rock 클래스처럼 Drawable 클래스를 상속받습니다.

프로퍼티

count	총알이 얼마나 진행했는지를 나타내는 카운터
power	총알 속도
max_count	총알의 최대 도달 거리

메서드

draw	총알을 그린다
tick	총알을 한 프레임분 이동한다

프로퍼티는 생성자에서 초기화합니다.

```
def __init__(self):
```

생성자에서는 count = 40, power = 10, max_count = 40, 3개의 프로퍼티를 초기화합니다.

draw 메서드에서는 자신의 카운터 count가 max_count보다 작을 때 작은 직사각형을 그립니다.

tick 메서드에서는 매 프레임 처리를 합니다. count를 1 증가, move 메시드에서 자신을 이동합니다.

Ship 클래스

내 캐릭터를 표현합니다. Rock 클래스와 같이 Drawable 클래스를 상속받고 있습니다.

프로퍼티

theta	내 캐릭터 방향
power	내 캐릭터 속도
accel	내 캐릭터 가속도
explode	내 캐릭터가 폭발했는지 여부의 플래그
image	내 캐릭터의 이미지
bang	폭발할 때의 이미지

메서드

draw	내 캐릭터 그리기, 폭발할 때에는 폭발 이미지를 그린다
tick	내 캐릭터를 한 프레임분 이동한다

생성자에서는 모든 프로퍼티를 초기화합니다. draw 메서드에서는 내 캐릭터를 그립니다. 회전으로 하기 위해서 transform 클래스의 rotate 메서드를 사용합니다. 이 메서드에는 첫 번째 인수에 대상 이미지, 두 번째 인수에 회전 각도를 지정합니다. 반환값으로서 회전이 적용된 이미지가 반환됩니다.

> rotate(Surface, angle) → Surface

Rock과 마찬가지로 이미지의 중심을 고정해서 그립니다. self.explode가 True일 때는 폭발한 이미지를 위에 그립니다.

tick 메서드에서는 매 프레임 처리를 실시합니다. self.power += self.accel로 가속도를 속도에 추가합니다. self.power *= 0.94로 점차 감속, self.accel *= 0.94로 가속도를 줄입니다. 이렇게 해서 천천히 감속해 나가는 효과를 연출합니다. 나머지는 Rock이나 Shot과 같이 1 프레임분(分) 이동합니다.

3 ᵡᵡ 함수

key_event_handler(keymap, ship)

처음에는 메인 루프 안에 있었으나 메인 루프가 길어져서 키 입력 처리를 꺼내 이 함수로 했습니다. keymap은 입력 상태인 키를 저장하는 리스트입니다. KEYDOWN의 이벤트 시에 event.key가 포함돼 있지 않으면 추가합니다. KEYUP 이벤트 시에 event.key를 리스트에서 제거합니다. 다음 코드로 내 캐릭터 이동을 제어합니다.

```
if K_LEFT in keymap:
    ship.theta += 5
elif K_RIGHT in keymap:
    ship.theta -= 5
elif K_UP in keymap:
    ship.accel = min(5, ship.accel + 0.2)
elif K_DOWN in keymap:
    ship.accel = max(-5, ship.accel - 0.1)
```

K_LEFT가 리스트에 포함돼 있다면 좌우 방향으로 회전하므로 ship.theta에 +5, K_RIGHT가 리스트에 포함돼 있다면 오른쪽 방향으로 회전하므로 −5를 더합니다. K_UP이 포함돼 있으면 가속도

에 0.2를 더합니다. 다만 최대 5를 넘지 않게 합니다. 마찬가지로 K_DOWN이 포함돼 있으면 가속도를 0.1 줄입니다. 다만 최소라도 −5를 밑돌지 않게 합니다.

main()

메인 함수입니다. 처음에 폰트와 메시지의 초기화를 실시합니다.

```
sysfont = pygame.font.SysFont(None, 72)
scorefont = pygame.font.SysFont(None, 36)
message_clear = sysfont.render("!!CLEARED!!", True, (0, 255, 225))
message_over = sysfont.render("GAME OVER!!", True, (0, 255, 225))
message_rect = message_clear.get_rect()
message_rect.center = (400, 400)
```

다음은 이 함수 내에서 이용하는 지역 변수입니다. 모두 처음에 초기화합니다.

keymap	눌리고 있는 키의 코드를 보유하는 리스트입니다.
shots	총알 객체를 저장하는 리스트입니다
rocks	운석 객체를 저장하는 리스트입니다
ship	내 캐릭터
game_over	게임 오버인지 아닌지 여부의 플래그
score	점수
back_x, back_y	배경 이미지를 이동하는 양
back_image	배경 이미지

총알과 운석을 각각 초기화하고 배열에 저장합니다. 총알은 7개, 운석은 4개입니다. 운석은 처음에 배치할 때 내 캐릭터와 겹치지 않게 합니다.

```
while len(shots) < 7:
    shots.append(Shot())

while len(rocks) < 4:
    pos = randint(0, 800), randint(0, 800)
    rock = Rock(pos, 64)
    if not rock.rect.colliderect(ship.rect):
        rocks.append(rock)
```

while True: 부터 메인 루프입니다. 먼저 key_event_handler(keymap, ship)로 키 처리를 실시합니다. 그 후, game_over가 아니면 내 캐릭터·운석·총알 처리를 실시합니다. 내 캐릭터는 ship.tick()으로 이동합니다. 운석의 이동과 충돌 판정은 다음 코드입니다.

```
# 운석을 이동
for rock in rocks:
    rock.tick()
    if rock.rect.colliderect(ship.rect):
        ship.explode = True
        game_over = True
```

for 문으로 운석을 배열 rocks에서 꺼내, rock.tick()으로 이동합니다. 운석이 내 캐릭터와 충돌했는지 여부의 판정은 rect의 colliderect 메서드를 사용합니다. 충돌할 때에는 ship.explode와 game_over를 True로 설정합니다.

총알 처리는 길어서 2개로 분할해서 설명합니다. 총알은 count가 0부터 max_count 동안은 발사돼 있는 상태로 있습니다. 리스트 shots에서 꺼내서 카운터 count가 max_count보다 작으면 shot.tick()로 이동합니다.

```
# 총알을 이동
fire = False
for shot in shots:
    if shot.count < shot.max_count:
        shot.tick()

        # 총알과 운석의 충돌 처리
        hit = None
        for rock in rocks:
            if rock.rect.colliderect(shot.rect):
                hit = rock
        if hit != None:
            score += hit.rect.width * 10
            shot.count = shot.max_count
            rocks.remove(hit)
            if hit.rect.width > 16:
                rocks.append(Rock(hit.rect.center,
                    hit.rect.width / 2))
                rocks.append(Rock(hit.rect.center,
```

```
                      hit.rect.width / 2))
          if len(rocks) == 0:
              game_over = True
```

hit는 바위와의 충돌을 검출하기 위한 플래그입니다. 이것도 colliderect를 사용해서 총알과 운석의 충돌 유무를 검출합니다. 충돌했다면 바위 크기의 10배의 점수를 더하고, 이 총알을 무효 상태로 만들기 위해 count를 max_count에 설정합니다. 충돌한 운석을 rocks.remove(hit)로 리스트에서 제거합니다. 만약 제거한 운석의 크기가 16보다 크면 크기를 절반으로 해서 새로운 운석을 리스트 rocks에 추가합니다. 운석을 잘게 부수는 것은 이 부분의 처리를 따릅니다. 마지막으로 리스트 rocks가 비면 모든 운석을 깨뜨린 것으로 game_over 플래그를 True로 합니다.

다음 코드는 스페이스 키 입력으로 총알을 발사하는 처리입니다.

```
elif not fire and K_SPACE in keymap:
    shot.count = 0
    shot.rect.center = ship.rect.center
    shot_x = shot.power * cos(radians(ship.theta))
    shot_y = shot.power * -sin(radians(ship.theta))
    shot.step = (shot_x, shot_y)
    fire = True
```

연속 발사 간격을 만들기 위한 플래그 fire를 사용합니다. 이 플래그가 False로 스페이스 키가 눌렸으면 count를 0으로 해서 총알을 유효로 합니다. 초기 위치는 내 캐릭터의 중심 ship.rect.center, 방향은 내 캐릭터의 방향 ship.theta입니다. 여기에 총알 속도 power를 곱해서 1 프레임 분의 이동 거리, shot.step을 구합니다.

나머지 처리는 그리기입니다. 다음은 배경 이미지를 그리는 코드입니다.

```
back_x = (back_x + ship.step[0] / 2) % 1600
back_y = (back_y + ship.step[1] / 2) % 1600
SURFACE.fill((0, 0, 0))
SURFACE.blit(back_image, (-back_x, -back_y), (0, 0, 3200, 3200))
```

내 캐릭터의 이동량 ship.step에 맞춰 배경 이미지의 오프셋 위치 (-back_x, -back_y)를 조정합니다. 배경 이미지(bg.png)는 다음과 같습니다.

원래 이미지는 1600×1600 크기지만, pygame.transform.scale2x(back_image)를 사용해 가로 세로 두 배로 확대합니다.

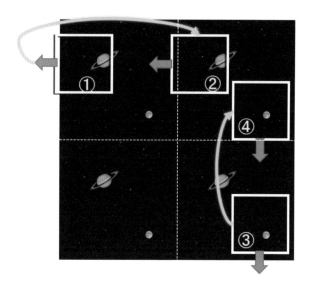

스크롤을 계속해도 배경 이미지가 끊기지 않도록 4개의 같은 이미지를 짜 맞춘 배경입니다. 만약에 배경이 ①에서 왼쪽으로 이동하였다면 ② 장소로 바꿈으로써 부드럽게 스크롤이 계속됩니다. ③에서 아래로 이동했을 때도 마찬가지로 ④로 잘라 바꾸면 스크롤이 끊기지 않습니다.

나머지는 내 캐릭터, 총알, 운석, 점수, 메시지를 나타냅니다. 점수는 「001230」과 같이 표시하고자 zfill을 사용해 0으로 채웁니다. 그밖에는 특별히 어려운 부분은 없을 것입니다.

```
# 각종 객체 그리기
ship.draw()
for shot in shots:
    shot.draw()
for rock in rocks:
    rock.draw()


# 점수 나타내기
score_str = str(score).zfill(6)
score_image = scorefont.render(score_str, True,
                               (0, 255, 0))
SURFACE.blit(score_image, (700, 10))
```

```
# 메시지 나타내기
if game_over:
    if len(rocks) == 0:
        SURFACE.blit(message_clear, message_rect.topleft)
    else:
        SURFACE.blit(message_over, message_rect.topleft)
```

게임 오버일 때는 운석이 0이면 게임 클리어, 아니면 게임 오버 메시지를 나타냅니다. 마지막은 pygame.display.update()로 그리는 내용을 화면에 반영하고, FPSCLOCK.tick(20)으로 FPS의 조정을 합니다.

게임 설명은 이상입니다. 가로 세로 스크롤이나 총알, 운석이 여러 개 나오는 것도 있고 코드는 조금 길어졌습니다. 배경 이미지를 바꾸는 것만으로도 분위기는 완전히 바뀔 것입니다. 적 캐릭터를 추가해도 재미있겠죠?

Chapter
07 Missile Command

낙하하는 미사일을 요격하는 게임입니다. 마우스 커서로 조준해서 클릭으로 요격 미사일을 발사하세요. 폭풍의 소용돌이에 휘말리면 적 미사일도 폭발합니다. 화면 아랫 부분에 있는 집이 전멸하면 게임 오버입니다.

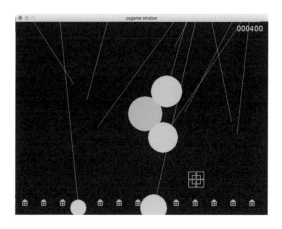

소스 코드(missile_commandr.py)

```
""" missile_command.py - Copyright 2016 Kenichiro Tanaka """
import sys
from random import randint
from math import hypot
import pygame
from pygame.locals import Rect, QUIT, MOUSEMOTION, MOUSEBUTTONDOWN
```

```python
class House:
    """ 집 객체 """
    def __init__(self, xpos):
        self.rect = Rect(xpos, 550, 40, 40)
        self.exploded = False
        strip = pygame.image.load("strip.png")
        self.images = (pygame.Surface((20, 20), pygame.SRCALPHA),
                       pygame.Surface((20, 20), pygame.SRCALPHA))
        self.images[0].blit(strip, (0, 0), Rect(0, 0, 20, 20))
        self.images[1].blit(strip, (0, 0), Rect(20, 0, 20, 20))

    def draw(self):
        """ 집 그리기 """
        if self.exploded:
            SURFACE.blit(self.images[1], self.rect.topleft)
        else:
            SURFACE.blit(self.images[0], self.rect.topleft)

class Missile:
    """ 낙하하는 미사일 객체 """
    def __init__(self):
        self.max_count = 500
        self.interval = 1000
        self.pos = [0, 0]
        self.cpos = [0, 0]
        self.firetime = 0
        self.radius = 0
        self.reload(0)

    def reload(self, time_count):
        """ 미사일 재초기화(낙하 후, 폭발 후) """
        house_x = randint(0, 12) * 60 + 20
        self.pos = (randint(0, 800), house_x)
        self.interval = int(self.interval * 0.9)
        self.firetime = randint(0, self.interval) + time_count
        self.cpos = [0, 0]
        self.radius = 0

    def tick(self, time_count, shoot, houses):
```

```python
        """ 미사일 상태 갱신 """
        is_hit = False
        elapsed = time_count - self.firetime
        if elapsed < 0:
            return

        if self.radius > 0:      # 폭발 중
            self.radius += 1
            if self.radius > 100:
                self.reload(time_count)
        else:
            self.cpos[0] = (self.pos[1]-self.pos[0]) \
                    * elapsed / self.max_count + self.pos[0]
            self.cpos[1] = 575 * elapsed / self.max_count

            # 떨어졌나?
            diff = hypot(shoot.shot_pos[0] - self.cpos[0],
                        shoot.shot_pos[1] - self.cpos[1])
            if diff < shoot.radius:
                is_hit = True
                self.radius = 1 # 폭발 시작

            # 지면에 충돌했다?
            if elapsed > self.max_count:
                self.radius = 1 # 폭발 시작
                for house in houses:
                    if hypot(self.cpos[0]-house.rect.center[0],
                        self.cpos[1]-house.rect.center[1]) < 30:
                        house.exploded = True
        return is_hit

def draw(self):
    """ 미사일 그리기 """
    pygame.draw.line(SURFACE, (0, 255, 255),
                    (self.pos[0], 0), self.cpos)

    if self.radius > 0:      # 폭발 중
        rad = self.radius if self.radius < 50 \
            else 100 - self.radius
```

```
                pos = (int(self.cpos[0]), int(self.cpos[1]))
                pygame.draw.circle(SURFACE, (0, 255, 255), pos, rad)


class Shoot:
    """ 스스로 폭발하는 빔 객체 """
    def __init__(self):
        self.scope = (400, 300)
        self.image = pygame.image.load("scope.png")
        self.count = 0
        self.fire = False
        self.radius = 0
        self.shot_pos = (0, 0)


    def tick(self):
        """ 폭발 중 빔의 위치, 상태를 갱신 """
        if self.fire:
            self.count += 1

            if 100 <= self.count < 200:
                self.radius += 1
            elif 200 <= self.count < 300:
                self.radius -= 1
            elif self.count >= 300:
                self.fire = False
                self.count = 0


    def draw(self):
        """ 빔 그리기 """
        rect = self.image.get_rect()
        rect.center = self.scope
        SURFACE.blit(self.image, rect)
        if not self.fire:
            return

        if self.radius == 0 and self.count < 100:
            ratio = self.count / 100
            ypos = 600 - (600 - self.shot_pos[1]) * ratio
            x_left = int((self.shot_pos[0]) * ratio)
            x_right = int((800 - (800 - self.shot_pos[0]) * ratio))
```

```
                pygame.draw.line(SURFACE, (0, 255, 0), (0, 600),
                            (x_left, ypos))
                pygame.draw.line(SURFACE, (0, 255, 0), (800, 600),
                            (x_right, ypos))
        elif self.radius > 0:
            pygame.draw.circle(SURFACE, (0, 255, 0),
                            self.shot_pos, self.radius)


# 전역 변수
pygame.init()
SURFACE = pygame.display.set_mode([800, 600])
FPSCLOCK = pygame.time.Clock()


def main():
    """ 메인 루틴 """
    game_over = False
    missiles = []
    score = 0
    time_count = 0
    shoot = Shoot()
    houses = []

    scorefont = pygame.font.SysFont(None, 36)
    sysfont = pygame.font.SysFont(None, 72)
    message_over = sysfont.render("GAME OVER!!", True, (0, 255, 225))
    message_rect = message_over.get_rect()
    message_rect.center = (400, 300)

    for index in range(13):
        houses.append(House(index*60 + 20))
    while len(missiles) < 18:
        missiles.append(Missile())

    while True:
        time_count += 1
        for event in pygame.event.get():
            if event.type == QUIT:
                pygame.quit()
                sys.exit()
```

```
            elif event.type == MOUSEMOTION:
                shoot.scope = event.pos
            elif event.type == MOUSEBUTTONDOWN:
                if not shoot.fire:
                    shoot.shot_pos = shoot.scope
                    shoot.fire = True

        # 1 프레임마다 처리
        exploded = len(list(filter(lambda x: x.exploded, houses)))
        game_over = exploded == 13
        if not game_over:
            for missile in missiles:
                is_hit = missile.tick(time_count, shoot, houses)
                if is_hit:
                    score += 100
            shoot.tick()

        # 그리기
        SURFACE.fill((0, 0, 0))
        shoot.draw()
        for house in houses:
            house.draw()
        for missile in missiles:
            missile.draw()

        score_str = str(score).zfill(6)
        score_image = scorefont.render(score_str, True, (0, 255, 0))
        SURFACE.blit(score_image, (700, 10))

        if game_over:
            SURFACE.blit(message_over, message_rect)

        pygame.display.update()
        FPSCLOCK.tick(20)

if __name__ == '__main__':
    main()
```

1 ☒ 개요

이번에 사용하는 클래스는 집 House, 낙하하는 미사일 Shoot, 요격 미사일 Missile 세 가지입니다. 객체지향 설계에서는 클래스의 개요를 파악하기 위해 클래스 도(圖)를 그리는 것이 일반적입니다. 세부적인 규칙이 많이 있는데 간단하게 설명하면 「클래스명, 프로퍼티, 메서드, 세 가지를 차례로 열거」합니다. 겨우 이 정도지만 어떤 클래스가 있는지 그 클래스는 어떤 특징이 있는지를 파악할 때 도움이 됩니다.

2 ☒ 클래스

House 클래스

화면 아랫 부분에 그려져 있는 각각의 집을 나타내는 클래스입니다.

프로퍼티

rect	집 위치와 크기
exploded	폭발했는지 아닌지
images	평상 시의 이미지와 폭발 시의 이미지

메서드

draw	집 이미지를 그린다

def __init__(self, xpos):

생성자입니다. 인수로 집의 X 좌표 값 xpos를 받습니다.

```
def __init__(self, xpos):
    self.rect = Rect(xpos, 550, 40, 40)
    self.exploded = False
    strip = pygame.image.load("strip.png")
    self.images = (pygame.Surface((20, 20), pygame.SRCALPHA),
                   pygame.Surface((20, 20), pygame.SRCALPHA))
    self.images[0].blit(strip, (0, 0), Rect(0, 0, 20, 20))
    self.images[1].blit(strip, (0, 0), Rect(20, 0, 20, 20))
```

생성자에서는 이미지 초기화도 실시합니다. 집 이미지(평상 시, 폭발 시)는 하나의 이미지「strip.png」로 합칩니다. 이 정도의 비디오 크기에서는 큰 영향은 없지만 여러 개의 아이콘을 사용할 때, 파일 관리에 수고를 줄이거나 크기 줄이기, 다운로드 시간 단축 등을 위해서 한 장의 이미지로 정리하는 방법을 자주 사용합니다.

이번에는 pygame.Surface()로 2개의 그리는 영역을 만들고, blit로 원본 이미지「strip.png」의 특정 영역을 복사합니다. 그리는 영역을 작성할 때 이미지 배경을 투명으로 하기 위해서 pygame.SRCALPHA를 지정합니다.

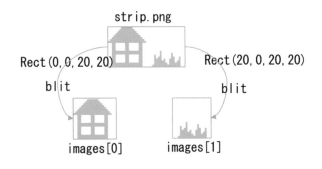

draw는 그리는 메서드입니다. exploded 프로퍼티 값에 따라 평상 시인지, 폭발 시인지를 그립니다.

Missile 클래스

상공에서 낙하는 미사일을 나타내는 클래스입니다.

프로퍼티

max_count	발사부터 지면에 도착하기까지 필요한 시간(카운트)
interval	낙하와 낙하의 간격
pos	낙하 좌표(낙하 시작점, 도착점)
cpos	현재 낙하 중인 좌표의 x 좌표, y 좌표
firetime	낙하 시작 시각
radius	폭풍 반경

메서드

reload	미사일을 초기화한다(좌표나 시각 등)
tick	미사일 상태를 갱신한다
draw	미사일 그린다

def __init__(self):

생성자입니다. 전체 프로퍼티를 선언합니다. 생성자는 객체 작성 시 한 번 밖에 불리지 않습니다. 이번은 미사일을 재사용해야 하므로 실제로 초기화는 reload 메서드에서 실시하고 있습니다.

미사일 좌표는 다음과 같이 시작 지점을 (pos[0], 0), 도착 지점을 (pos[1], 575) 미사일의 현재 위치를 [cpos[0], cpos[1]]로 관리합니다.

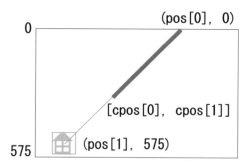

먼저, 난수를 사용해 공격 목표가 되는 집의 좌표 house_x를 구하고, 그 값을 사용해 프로퍼티 pos를 초기화합니다. cpos는 미사일의 총알 위치입니다.

```
    def reload(self, time_count):
        """ 미사일 재초기화(낙하 후, 폭발 후) """
        house_x = randint(0, 12) * 60 + 20
        self.pos = (randint(0, 800), house_x)
        self.interval = int(self.interval * 0.9)
        self.firetime = randint(0, self.interval) + time_count
        self.cpos = [0, 0]
        self.radius = 0
```

interval과 firetime은 발사하는 타이밍에 관한 프로퍼티입니다.

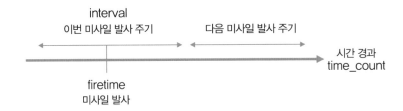

게임 난이도를 높이기 위해서 미사일을 발사하는 간격을 점점 짧게 하고 있습니다. 이것은 reload
로 다시 초기화할 때마다 미사일 발사 주기 interval을 0.9배해서 실시합니다. 실제로 발사하는 시간
firetime은 난수를 사용해 구합니다. time_count는 현재 시간을 나타냅니다.

def tick(self, time_count, shoot, houses):

매 프레임의 처리를 실시하는 메서드입니다. 먼저 미사일 발사 시각을 지나고 있는지 확인합니다. 발
사 시각 전이면 아무 것도 하지 않고 되돌아갑니다.

```
        is_hit = False
        elapsed = time_count - self.firetime
        if elapsed < 0:
            return
```

프로퍼티 radius가 0보다 크면 폭발 중으로 합니다. 반경을 1씩 늘리고 그 값이 100을 넘으면 폭발
종료로 간주해 reload에서 다시 초기화를 실시합니다. 그렇지 않을 때는 미사일이 이동 중이므로
cpos 값을 업데이트합니다.

```
        if self.radius > 0:      # 폭발 중
            self.radius += 1
            if self.radius > 100:
                self.reload(time_count)
        else:
            self.cpos[0] = (self.pos[1]-self.pos[0]) \
                    * elapsed / self.max_count + self.pos[0]
            self.cpos[1] = 575 * elapsed / self.max_count
```

cpos 계산은 다음과 같이 삼각형의 닮음을 생각하면 알기 쉬울 것입니다. elapsed는 발사하고 나서의 경과 시간입니다. max_count는 발사하고 낙하하기까지의 시간입니다. cpos[0]이 x, cpos[1]이 y에 해당합니다.

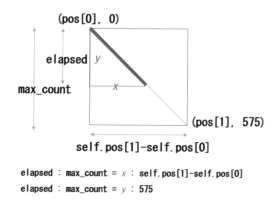

미사일이 이동 중이면 요격 빔에 맞아 떨어졌는지 판정합니다.

```
        diff = hypot(shoot.shot_pos[0] - self.cpos[0],
                     shoot.shot_pos[1] - self.cpos[1])
        if diff < shoot.radius:
            is_hit = True
            self.radius = 1 # 폭발 시작
```

미사일의 탄두 좌표는 (cpos[0], cpos[1])입니다. 한편 요격 빔의 탄두 좌표는 (shoot.shot_pos[0], shoot.shot_pos[1])입니다.

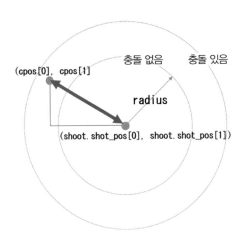

충돌 없음　　충돌 있음

(cpos[0], cpos[1])

radius

(shoot.shot_pos[0], shoot.shot_pos[1])

hypot은 두 점 간의 거리를 반환하는 함수입니다. 이 함수를 사용해 미사일의 탄두와 요격 빔의 탄두 거리 diff를 구합니다. 이 값이 현재 폭풍의 값 shoot.radius보다 크면 충돌은 없고, 작으면 충돌로 판정합니다. 충돌했을 때는 플래그 is_hit에 True를 설정하고, self.radius에 1을 대입함으로써 미사일 자신의 폭발 애니메이션을 시작합니다.

미사일은 마지막으로 지면에 충돌했을 때 집을 파괴했는지 아닌지를 판정합니다.

```
# 지면에 충돌했다?
if elapsed > self.max_count:
    self.radius = 1 # 폭발 시작
    for house in houses:
        if hypot(self.cpos[0]-house.rect.center[0],
                self.cpos[1]-house.rect.center[1]) < 30:
            house.exploded = True
```

지면에 충돌했으면 self.radius에 1을 대입해서 자신의 폭발 애니메이션을 시작합니다. 집 객체는 houses 리스트에 저장돼 있으므로, for 문을 사용해 차례로 취득해 나갑니다. 집 좌표와 미사일 탄도의 거리를 hypot로 구해 그 거리가 30보다 작으면 집을 파괴 상태로 설정합니다.

def draw(self):

미사일을 그립니다. 발사점과 탄두를 잇는 선을 그립니다.

```
pygame.draw.line(SURFACE, (0, 255, 255), (self.pos[0], 0), self.cpos)
```

radius가 0보다 클 때는 폭발 중입니다.

```
if self.radius > 0:      # 폭발 중
    rad = self.radius if self.radius < 50 \
        else 100 - self.radius
    pos = (int(self.cpos[0]), int(self.cpos[1]))
    pygame.draw.circle(SURFACE, (0, 255, 255), pos, rad)
```

폭발 원은 점점 커지다가 작아집니다. if 문의 첫 행에서 그리는 원의 반지름을 계산합니다. 다음 그림과 같이 radius 값이 50보다 작을 때는 self.radius, 그렇지 않을 때는 100 − self.radius로 합니다.

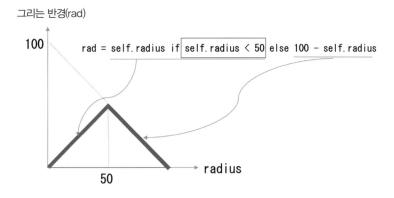

나머지 행에서 폭발 원을 그리고 있습니다.

Shoot 클래스

요격 미사일을 나타내는 클래스입니다.

프로퍼티

scope	조준기의 중심 좌표
image	조준기 이미지
count	발사하고 나서의 카운트
fire	발사 중인지 아닌지 여부의 플래그
radius	폭풍 반경
shot_pos	현재 탄두의 위치

메서드

tick	요격 미사일 상태를 갱신한다
draw	요격 미사일을 그린다

def __init__(self):

생성자입니다. 각종 프로퍼티를 초기화합니다.

```python
def __init__(self):
    self.scope = (400, 300)
    self.image = pygame.image.load("scope.png")
    self.count = 0
    self.fire = False
    self.radius = 0
    self.shot_pos = (0, 0)
```

def tick(self):

프레임마다 처리를 하는 메서드입니다.

```python
def tick(self):
    """ 폭발 중 빔의 위치, 상태를 갱신 """
    if self.fire:
        self.count += 1

        if 100 <= self.count < 200:
            self.radius += 1
        elif 200 <= self.count < 300:
            self.radius -= 1
        elif self.count >= 300:
            self.fire = False
            self.count = 0
```

발사 중이라면 카운터 count를 1 증가합니다. 0에서 100까지는 발사 중, 100에서 200까지면 폭풍
증가 중, 200에서 300이라면 폭풍 감소 중, 300을 넘으면 발사를 리셋하여 카운터를 0으로 되돌립
니다.

def draw(self):

요격 빔을 그립니다. 먼저 조준기를 그립니다.

```
rect = self.image.get_rect()
rect.center = self.scope
SURFACE.blit(self.image, rect)
if not self.fire:
    return
```

마우스 커서의 좌표가 self.scope에 저장돼 있습니다. 조준기의 중앙이 그 위치가 되도록 rect.center = self.scope로 설정하고 blit에서 그립니다. 발사 중이지 않다면 return으로 되돌아옵니다.

다음은 요격 미사일을 그리는 코드입니다.

```
if self.radius == 0 and self.count < 100:
    ratio = self.count / 100
    ypos = 600 - (600 - self.shot_pos[1]) * ratio
    x_left = int((self.shot_pos[0]) * ratio)
    x_right = int((800 - (800 - self.shot_pos[0]) * ratio))
    pygame.draw.line(SURFACE, (0, 255, 0), (0, 600),
                        (x_left, ypos))
    pygame.draw.line(SURFACE, (0, 255, 0), (800, 600),
                        (x_right, ypos))
elif self.radius > 0:
    pygame.draw.circle(SURFACE, (0, 255, 0),
                    self.shot_pos, self.radius)
```

미사일은 100 카운트로 목적지에 도달하므로, 현재의 비율 ratio를 self.count/100으로 구합니다. 나머지는 좌우 빔의 좌표를 계산하고 pygame.draw.line에서 선을 그립니다. 좌표 계산이 조금 귀찮아 보일 수도 있지만, 삼각형의 닮음으로 좌표를 구할 뿐입니다. 다음 그림을 참고해 코드를 읽어보세요.

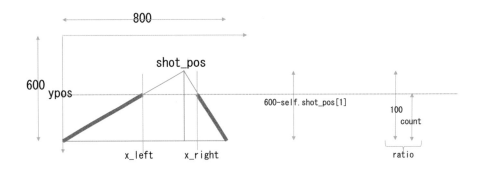

3 :: 전역 변수

이번 게임에서는 의도적으로 전역 변수의 이용을 줄여 봤습니다. 사용하는 전역 변수는 SURFACE(윈도)와 FPSCLOCK(프레임 레이트 조정용의 타이머)뿐입니다.

어떤 것을 지역 변수, 어떤 것을 전역(글로벌, 광역) 변수로 할지, 판단이 어려울지도 모르겠습니다. 특히 혼자 구현할 때는 그것의 차이를 실감하기 어렵겠죠. 그렇지만 많은 사람이 개발할 때는 그 차이는 분명합니다. 전역 변수는 언제든지 누구나 간단하게 값을 다시 작성할 수 있기 때문에 버그의 온상이 되기 때문입니다. 「간단하니까」라는 안이한 이유로 전역 변수를 사용하는 건 피하도록 평소부터 습관화해 두면 좋겠죠.

4 :: 함수

main():

이번 게임은 처리의 대부분을 클래스에서 하고 있어 전역 함수는 main()만 사용합니다. 이 함수에서 사용하는 주요 변수는 다음과 같습니다.

game_over	게임 오버인지 아닌지의 여부 플래그
missiles	미사일 객체를 저장하는 리스트
score	점수
time_count	경과 시간을 관리하는 타이머
shoot	스스로 발사한 요격 미사일 객체
houses	집 객체를 저장한 리스트

먼저 main()에서는 이러한 변수나 문자열 객체를 초기화합니다. 다음으로 집 객체와 미사일 객체를 만들어 리스트에 추가합니다. 집은 좌표 위치를 계산하기 위해 for 문을 사용했습니다. 한편 미사일은 특정의 개수 리스트에 추가하면 되기 때문에 while 문을 사용했습니다.

```python
for index in range(13):
    houses.append(House(index*60 + 20))
while len(missiles) < 18:
    missiles.append(Missile())
```

while True: 부터 메인 루프입니다.

```python
while True:
    time_count += 1
    for event in pygame.event.get():
        if event.type == QUIT:
            pygame.quit()
            sys.exit()
        elif event.type == MOUSEMOTION:
            shoot.scope = event.pos
        elif event.type == MOUSEBUTTONDOWN:
            if not shoot.fire:
                shoot.shot_pos = shoot.scope
                shoot.fire = True
```

time_count의 값을 1 증가하고, 이벤트 큐에서 이벤트를 꺼냅니다. QUIT이면 게임을 종료합니다. 마우스 이동(MOUSEMOTION)이면 그 좌표 event.pos를 shoot.scope에 설정합니다. 마우스 입력(MOUSEBUTTONDOWN)으로 만약 요격 미사일 발사 중이 아니면 현재 좌표를 shoot.shot_pos에 설정하고 shoot.fire = True로 미사일을 발사 상태로 합니다.

프레임마다 처리는 다음 코드에서 실시합니다. filter, list, len 함수를 사용해서 리스트 houses에서 폭발 상태의 집 개수를 구합니다.

```python
exploded = len([x for x in houses if x.exploded])
```

위와 같이 리스트 내포 표기를 사용해도 같습니다. 둘 중 간단하다고 생각하는 쪽을 사용하세요.

```
# 1 프레임별 처리
exploded = len(list(filter(lambda x: x.exploded, houses)))
game_over = exploded == 13
if not game_over:
    for missile in missiles:
        is_hit = missile.tick(time_count, shoot, houses)
        if is_hit:
            score += 100
    shoot.tick()
```

게임 오버가 아니라면 각각의 미사일 tick 메서드를 호출합니다. 요격한 상태라면 반환값이 True가
되므로 그때는 score를 증가시킵니다. shoot.tick()에서 요격 미사일의 프레임 처리를 실시합니다.
메인 루프의 마지막은 그리기입니다.

```
SURFACE.fill((0, 0, 0))
shoot.draw()
for house in houses:
    house.draw()
for missile in missiles:
    missile.draw()

score_str = str(score).zfill(6)
score_image = scorefont.render(score_str, True, (0, 255, 0))
SURFACE.blit(score_image, (700, 10))

if game_over:
    SURFACE.blit(message_over, message_rect)

pygame.display.update()
FPSCLOCK.tick(20)
```

배경을 검은색으로 칠하고, 요격 미사일, 집, 미사일을 그립니다. 점수는 0을 왼쪽에 채운 상태로 표시하고자 zfill(6) 메서드로 패딩하고 있습니다. 게임 오버일 때는 그 의미를 표시합니다.

그리는 내용을 화면에 반영시키기 위해 pygame.display.update()를 호출, 프레임 레이트를 조정하기 위해서 FPSCLOCK.tick(20)을 실행합니다.

설명은 이상입니다. 200줄 정도로 이 책의 샘플 중에서는 꽤 긴 코드가 되었습니다. 좌표 계산을 할 때 삼각형의 닮음을 많이 이용합니다. 초등학교 수학이나 중학교 수학에서 배운 것을 많이 사용하고 있습니다.

Chapter
08 슈팅

좌우 키로 내 캐릭터를 이동하고 스페이스 키로 미사일을 발사합니다. 다가오는 외계인을 모두 쏘세요. 바리케이드가 없고 UFO가 출현하지 않는 등 "없는 것" 투성이지만 그래도 한 시대를 풍미했던 게임의 분위기는 맛볼 수 있을것입니다.

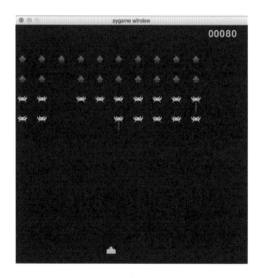

소스 코드(invader.py)

```
""" invader.py - Copyright 2016 Kenichiro Tanaka   """
import sys
from random import randint
import pygame
```

```
from pygame.locals import Rect, QUIT, KEYDOWN, \
    K_LEFT, K_RIGHT, K_SPACE

pygame.init()
pygame.key.set_repeat(5, 5)
SURFACE = pygame.display.set_mode((600, 600))
FPSCLOCK = pygame.time.Clock()

class Drawable:
    """ 전체의 그리기 객체의 슈퍼 클래스 """
    def __init__(self, rect, offset0, offset1):
        strip = pygame.image.load("strip.png")
        self.images = (pygame.Surface((24, 24), pygame.SRCALPHA),
                       pygame.Surface((24, 24), pygame.SRCALPHA))
        self.rect = rect
        self.count = 0
        self.images[0].blit(strip, (0, 0),
                            Rect(offset0, 0, 24, 24))
        self.images[1].blit(strip, (0, 0),
                            Rect(offset1, 0, 24, 24))

    def move(self, diff_x, diff_y):
        """ 오브젝트를 이동 """
        self.count += 1
        self.rect.move_ip(diff_x, diff_y)

    def draw(self):
        """ 객체를 그리기 """
        image = self.images[0] if self.count % 2 == 0 \
                else self.images[1]
        SURFACE.blit(image, self.rect.topleft)

class Ship(Drawable):
    """ 내 캐릭터 객체 """
    def __init__(self):
        super().__init__(Rect(300, 550, 24, 24), 192, 192)

class Beam(Drawable):
    """ 빔 객체 """
```

```
        def __init__(self):
            super().__init__(Rect(300, 0, 24, 24), 0, 24)


class Bomb(Drawable):
    """ 폭탄 객체 """
    def __init__(self):
        super().__init__(Rect(300, -50, 24, 24), 48, 72)
        self.time = randint(5, 220)


class Alien(Drawable):
    """ 외계인 객체 """
    def __init__(self, rect, offset, score):
        super().__init__(rect, offset, offset+24)
        self.score = score


def main():
    """ 메인 루틴 """
    sysfont = pygame.font.SysFont(None, 72)
    scorefont = pygame.font.SysFont(None, 36)
    message_clear = sysfont.render("!!CLEARED!!", True, (0, 255, 225))
    message_over = sysfont.render("GAME OVER!!", True, (0, 255, 225))
    message_rect = message_clear.get_rect()
    message_rect.center = (300, 300)
    game_over = False
    moving_left = True
    moving_down = False
    move_interval = 20
    counter = 0
    score = 0
    aliens = []
    bombs = []
    ship = Ship()
    beam = Beam()

    # 외계인 나열을 초기화
    for ypos in range(4):
        offset = 96 if ypos < 2 else 144
        for xpos in range(10):
            rect = Rect(100+xpos*50, ypos*50 + 50, 24, 24)
```

```
        alien = Alien(rect, offset, (4-ypos)*10)
        aliens.append(alien)


# 폭탄을 설정
for _ in range(4):
    bombs.append(Bomb())


while True:
    ship_move_x = 0
    for event in pygame.event.get():
        if event.type == QUIT:
            pygame.quit()
            sys.exit()
        elif event.type == KEYDOWN:
            if event.key == K_LEFT:
                ship_move_x = -5
            elif event.key == K_RIGHT:
                ship_move_x = +5
            elif event.key == K_SPACE and beam.rect.bottom < 0:
                beam.rect.center = ship.rect.center


    if not game_over:
        counter += 1
        # 내 캐릭터를 이동
        ship.move(ship_move_x, 0)


        # 빔을 이동
        beam.move(0, -15)


        # 외계인을 이동
        area = aliens[0].rect.copy()
        for alien in aliens:
            area.union_ip(alien.rect)


        if counter % move_interval == 0:
            move_x = -5 if moving_left else 5
            move_y = 0


            if (area.left < 10 or area.right > 590) and \
```

```
            not moving_down:
                moving_left = not moving_left
                move_x, move_y = 0, 24
                move_interval = max(1, move_interval - 2)
                moving_down = True
            else:
                moving_down = False

            for alien in aliens:
                alien.move(move_x, move_y)

    if area.bottom > 550:
        game_over = True

    # 폭탄을 이동
    for bomb in bombs:
        if bomb.time < counter and bomb.rect.top < 0:
            enemy = aliens[randint(0, len(aliens) - 1)]
            bomb.rect.center = enemy.rect.center

        if bomb.rect.top > 0:
            bomb.move(0, 10)

        if bomb.rect.top > 600:
            bomb.time += randint(50, 250)
            bomb.rect.top = -50

        if bomb.rect.colliderect(ship.rect):
            game_over = True

    # 빔과 외계인 충돌?
    tmp = []
    for alien in aliens:
        if alien.rect.collidepoint(beam.rect.center):
            beam.rect.top = -50
            score += alien.score
        else:
            tmp.append(alien)
    aliens = tmp
```

```
            if len(aliens) == 0:
                game_over = True

        # 그리기
        SURFACE.fill((0, 0, 0))
        for alien in aliens:
            alien.draw()
        ship.draw()
        beam.draw()
        for bomb in bombs:
            bomb.draw()

        score_str = str(score).zfill(5)
        score_image = scorefont.render(score_str, True, (0, 255, 0))
        SURFACE.blit(score_image, (500, 10))

        if game_over:
            if len(aliens) == 0:
                SURFACE.blit(message_clear, message_rect.topleft)
            else:
                SURFACE.blit(message_over, message_rect.topleft)

        pygame.display.update()
        FPSCLOCK.tick(20)

if __name__ == '__main__':
    main()
```

1 · 개요

화면에 표시되는 것은 내 캐릭터, 빔, 폭탄, 외계인 4가지입니다. 각각 전혀 다른 것처럼 보이는데 직사각형에 이미지를 그리거나 일정 속도로 이동하는 공통점이 있습니다.

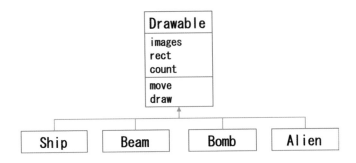

공통점을 정리하고, 이미지, 그리는 영역 등의 프로퍼티, 이동, 그리는 메서드를 추출해서 Drawable 클래스에 정리했습니다. 그리고 그것들을 상속받은 내 캐릭터 Ship, 빔 Beam, 폭탄 Bomb, 외계인 Alien 클래스를 정의했습니다.

이미지 파일은 다음과 같이 여러 개의 캐릭터를 하나로 정리한 것을 이용했습니다. 내 캐릭터 외에는 두 장의 이미지를 전환해서 표시합니다.

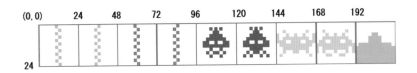

각각의 클래스에서 어떤 이미지를 사용할지 지정합니다.

2 · 클래스

Drawable 클래스

전체 그리는 대상에 공통되는 기능을 제공하는 부모 클래스입니다. 실제로 생성되는 객체는 Ship, Beam, Bomb, Alien 클래스이며 Drawable 클래스 객체는 아닙니다.

프로퍼티

images	그리는 이미지의 배열
rect	그리는 위치와 크기
count	그리는 이미지를 전환하기 위한 카운터

메서드

move	이동한다
draw	그린다

```python
def __init__(self, rect, offset0, offset1):
    strip = pygame.image.load("strip.png")
    self.images = (pygame.Surface((24, 24), pygame.SRCALPHA),
                   pygame.Surface((24, 24), pygame.SRCALPHA))
    self.rect = rect
    self.count = 0
    self.images[0].blit(strip, (0, 0), Rect(offset0, 0, 24, 24))
    self.images[1].blit(strip, (0, 0), Rect(offset1, 0, 24, 24))
```

생성자입니다. rect는 초기 위치, offset0은 첫 번째 장 이미지의 옵셋값, offset1은 두 번째 장 이미지의 옵셋값입니다. 먼저 pygame.image.load("strip.png")로 이미지를 읽습니다. images에는 두 장의 이미지를 설정합니다. 각각의 이미지는 strip.png로부터 특정 위치를 복사합니다. 그 상태를 다음에 나타냅니다.

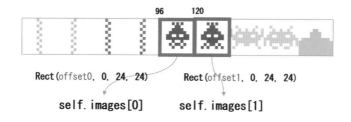

자신의 위치는 rect, count는 0으로 초기화합니다.

```
def move(self, diff_x, diff_y):
    """ 객체를 이동 """
    self.count += 1
    self.rect.move_ip(diff_x, diff_y)
```

Rect 클래스의 move 메서드를 호출해도 원래 직사각형의 위치는 변화하지 않습니다. 이동 후의 새 Rect가 반환됩니다. 한편 move_ip 메서드는 스스로 이동합니다. 반환값은 없습니다. ip는 in-place(그 장소에서)라는 의미입니다. 혼동하기 쉬우므로 주의하세요.

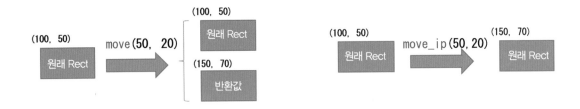

def draw(self):

자신을 그립니다.

```
def draw(self):
    """ 객체를 그리기 """
    image = self.images[0] if self.count % 2 == 0 \
            else self.images[1]
    SURFACE.blit(image, self.rect.topleft)
```

count 값이 짝수일 때는 images[0], 홀수일 때는 images[1]을 그립니다.

Ship 클래스

Drawable을 상속받고 있어 클래스 정의가 Ship(Drawable)입니다.

```
class Ship(Drawable):
    """ 내 캐릭터 객체 """
    def __init__(self):
        super().__init__(Rect(300, 550, 24, 24), 192, 192)
```

super().__init__(…)와 부모 클래스의 생성자를 명시적으로 호출합니다. 내 캐릭터의 초기 위치는 (300, 550), 크기는 (24, 24)로 합니다. 내 캐릭터만은 두 장의 이미지를 전환할 필요가 없기 때문에 같은 옵셋값 192를 지정합니다.

Beam 클래스

옵셋 위치를 0과 24로 함으로써 빔 이미지가 전환되도록 합니다.

Bomb 클래스

옵셋 위치를 48과 72로 폭탄 이미지가 바뀌도록 합니다. 또, 폭탄을 던지는 타이밍을 조정하는 속성 프로퍼티 time을 추가하고 5부터 220까지의 난수로 초기화합니다.

Alien 클래스

옵셋 위치 off와 외계인을 쓰러뜨렸을 때의 점수 score를 인수로 얻습니다. score는 프로퍼티로서 등록합니다.

3 × 함수

main():

메인 루틴입니다. 다음의 코드로 화면에 표시하는 메시지를 초기화합니다.

```
sysfont = pygame.font.SysFont(None, 72)
scorefont = pygame.font.SysFont(None, 36)
message_clear = sysfont.render("!!CLEARED!!",
                                True, (0, 255, 225))
message_over = sysfont.render("GAME OVER!!",
                                True, (0, 255, 225))
message_rect = message_clear.get_rect()
message_rect.center = (300, 300)
```

다음은 게임에서 사용하는 지역 변수입니다.

game_over	게임 오버인지 아닌지
moving_left	외계인 전체가 왼쪽 방향으로 움직이고 있는지 아닌지
moving_down	외계인 전체가 아래 방향으로 움직이고 있는지 아닌지
move_interval	외계인이 이동할 때까지의 프레임 수(간격)
counter	시간 관리용의 카운터
score	점수
aliens	외계인 객체를 저장하는 리스트
bombs	폭탄 객체를 저장하는 리스트
ship	내 캐릭터 객체
beam	빔 객체

다음 코드에서는 먼저 외계인의 초기 위치를 설정하고 리스트 aliens에 저장합니다.

```python
# 외계인 나열을 초기화
for ypos in range(4):
    offset = 96 if ypos < 2 else 144
    for xpos in range(10):
        rect = Rect(100+xpos*50, ypos*50 + 50, 24, 24)
        alien = Alien(rect, offset, (4-ypos)*10)
        aliens.append(alien)

# 폭탄을 설정
for _ in range(4):
    bombs.append(Bomb())
```

세로 방향의 루프가 ypos, 가로 방향의 루프가 xpos인 이중 루프입니다. 하나의 for 문으로 이미지를 전환하기 위해서 한 줄의 if else 문을 사용합니다.

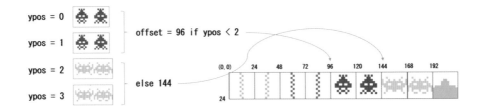

외계인을 만든 후에 폭탄을 4개 만들어 배열 bombs에 추가합니다. 다음의 while 문 다음이 메인 루프입니다. 내 캐릭터의 이동 거리 ship_move_x를 0으로 초기화하고 이벤트 큐에서 이벤트를 구합니다. 이벤트가 QUIT이면 게임을 종료합니다.

```
while True:
    ship_move_x = 0
    for event in pygame.event.get():
        if event.type == QUIT:
            pygame.quit()
            sys.exit()
        elif event.type == KEYDOWN:
            if event.key == K_LEFT:
                ship_move_x = -5
            elif event.key == K_RIGHT:
                ship_move_x = +5
            elif event.key == K_SPACE and beam.rect.bottom < 0:
                beam.rect.center = ship.rect.center
```

좌우 키이면 각각 내 캐릭터의 이동량을 설정하고, 스페이스 키 그리고 빔이 발사 중이 아니면 빔 위치를 내 캐릭터 위치로 초기화합니다.

다음 코드로 내 캐릭터, 빔을 각각 이동합니다.

```
if not game_over:
    counter += 1
    # 내 캐릭터를 이동
    ship.move(ship_move_x, 0)

    # 빔을 이동
    beam.move(0, -15)
```

외계인은 단체 행동을 하므로 조금 노력을 해야 합니다. 먼저 남아 있는 외계인 전체를 포함하는 최소 직사각형을 구합니다.

```
# 외계인을 이동
area = aliens[0].rect.copy()
for alien in aliens:
    area.union_ip(alien.rect)
```

우선 리스트 맨 앞의 외계인 직사각형 aliens[0].rect를 복사해서 변수 area에 저장합니다. union_ip 메서드는 인수의 직사각형을 포함하도록 크기를 변경합니다. area에 대해서 모든 외계인을 호출함으로써 모든 외계인을 포함하는 최소 직사각형을 구합니다.

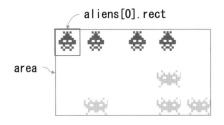

이 직사각형을 구했으면 그 직사각형이 화면 오른쪽 끝에 도달하면 아래로 이동해서 왼쪽 방향으로, 왼쪽 끝에 도달하면 아래로 이동해서 오른쪽 방향으로 움직여야 합니다.

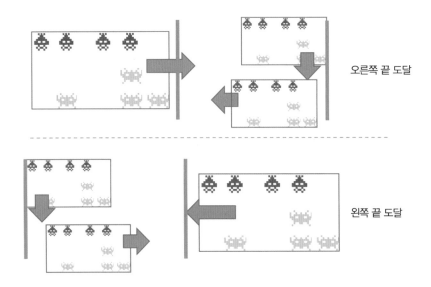

프레임마다 외계인을 움직이면 너무 빨라서 어느 정도의 간격으로 이동할지 변수 move_interval을 사용했습니다. counter가 이 값의 배수가 되었을 때 이동합니다. 이동량은 변수 move_x와 move_y에 설정합니다.

```
            if counter % move_interval == 0:
                move_x = -5 if moving_left else 5
                move_y = 0

                if (area.left < 10 or area.right > 590) and \
                    not moving_down:
                    moving_left = not moving_left
                    move_x, move_y = 0, 24
                    move_interval = max(1, move_interval - 2)
                    moving_down = True
                else:
                    moving_down = False

                for alien in aliens:
                    alien.move(move_x, move_y)
```

외계인 집단의 직사각형이 양쪽 끝에 도달했을 때 즉, area.left 〈 10 or area.right 〉 590이 True일 때는 moving_left = not moving_left로 좌우 이동 방향을 반전합니다. 그리고 아래 방향으로의 이동량 move_x, move_y = 0, 24를 설정하고 move_interval 값을 줄여서 외계인의 속도를 올리고, 아래 방향 이동 플래그 moving_down을 True로 설정합니다. move_x, move_y를 구했으면 전체 외계인에게 그 이동을 적용합니다.

외계인 집단의 직사각형의 아래쪽이 550보다 커지면, 외계인이 화면 아래까지 왔기 때문에 게임 오버입니다.

다음 코드로 폭탄을 투하합니다.

```
# 폭탄을 이동
for bomb in bombs:
    if bomb.time < counter and bomb.rect.top < 0:
        enemy = aliens[randint(0, len(aliens) - 1)]
        bomb.rect.center = enemy.rect.center

    if bomb.rect.top > 0:
        bomb.move(0, 10)
```

```
        if bomb.rect.top > 600:
            bomb.time += randint(50, 250)
            bomb.rect.top = -50


        if bomb.rect.colliderect(ship.rect):
            game _ over = True
```

이번 구현에서는 대기 상태의 폭탄은 화면 밖에 배치하기로 했습니다. bomb.time ⟨ counter는 폭탄 투하 시간이 지났음을 의미합니다. 그때 폭탄이 대기 상태 bomb.rect.top ⟨ 0이면 투하를 시작합니다. 어느 외계인이 투하할지를 난수로 정하고 그 외계인의 직사각형을 폭탄 투하 시작 위치로 설정합니다.

bomb.rect.top ⟩ 0은 폭탄이 투하 중(대기 상태가 아님)을 의미합니다. 그때는 폭탄을 아래로 10만큼 이동합니다. 폭탄이 화면 아래까지 도달했을 때, 즉 bomb.rect.top ⟩ 600이 True일 때는 다음의 폭탄 투하 시각을 난수로 결정하며, 폭탄을 화면 밖에 배치하고 대기 상태로 합니다. 폭탄이 내 캐릭터와 충돌했으면, 즉 bomb.rect.colliderect(ship.rect)가 True일 때는 게임 오버입니다.

내 캐릭터가 발사한 빔 처리는 다음과 같습니다.

```
    # 빔과 외계인 충돌?
    tmp = []
    for alien in aliens:
        if alien.rect.collidepoint(beam.rect.center):
            beam.rect.top = -50
            score += alien.score
        else:
            tmp.append(alien)
    aliens = tmp
    if len(aliens) == 0:
        game _ over = True
```

빔이 외계인과 충돌했는지 rect.collidepoint를 사용해 판정합니다. 충돌한 경우는 빔을 화면 밖에 배치해서 대기 상태로 하고 점수를 더합니다. 빔이 충돌한 외계인을 제거하기 위해서 일시적 변수 tmp를 사용합니다. 리스트 내포 표기를 사용하면 더욱 간결해질 수도 있습니다. 마지막으로 배열 aliens의 길이가 0이 되면 모든 외계인을 쓰러뜨려서 게임 오버입니다.

메인 루프의 마지막은 그리기 처리입니다.

```python
# 그리기
SURFACE.fill((0, 0, 0))
for alien in aliens:
    alien.draw()
ship.draw()
beam.draw()
for bomb in bombs:
    bomb.draw()


score_str = str(score).zfill(5)
score_image = scorefont.render(score_str, True, (0, 255, 0))
SURFACE.blit(score_image, (500, 10))

if game_over:
    if len(aliens) == 0:
        SURFACE.blit(message_clear, message_rect.topleft)
    else:
        SURFACE.blit(message_over, message_rect.topleft)

pygame.display.update()
FPSCLOCK.tick(20)
```

배경을 검은색으로 칠하고, 외계인, 내 캐릭터, 빔, 폭탄을 그려 나갑니다. 그리고 점수를 나타내고 게임 오버 시의 메시지를 표시합니다.

나머지는 그리는 내용을 화면에 반영하기 위하여 pygame.display.update()를 호출하고, FPSCLOCK.tick(20)으로 프레임 레이트를 조정합니다.

게임 설명은 이상입니다. 이번 게임에서는 move_ip, union_ip, collidepoint, colliderect 등의 Rect 의 메서드를 활용했습니다. 이런 메서드를 직접 만든다면 코드는 꽤 길어집니다. Rect 클래스에는 이외에도 편리한 메서드가 많이 있습니다. 알고 있는지 아닌지로 작업 효율이 크게 바뀔 가능성도 있기 때문에 꼭 한번 문서를 살펴보길 추천합니다.[1]

---

1 http://www.pygame.org/docs/ref/pygame.html

Chapter

09 테트리스

낙하하는 타입의 수많은 게임들의 선구자 역할을 한 것이 바로 이 게임입니다. 좌우 키로 이동하고 스페이스 키로 회전합니다. 아래 화살표로 낙하 속도를 높일 수 있습니다.

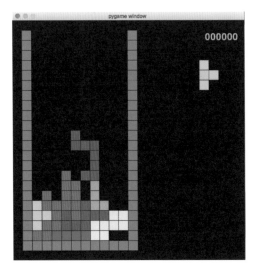

소스 코드(tetrix.py)

```
""" tetris.py - Copyright 2016 Kenichiro Tanaka """
import sys
from math import sqrt
from random import randint
import pygame
```

```python
from pygame.locals import QUIT, KEYDOWN, \
    K_LEFT, K_RIGHT, K_DOWN, K_SPACE

BLOCK_DATA = (
    (
        (0, 0, 1, \
         1, 1, 1, \
         0, 0, 0),
        (0, 1, 0, \
         0, 1, 0, \
         0, 1, 1),
        (0, 0, 0, \
         1, 1, 1, \
         1, 0, 0),
        (1, 1, 0, \
         0, 1, 0, \
         0, 1, 0),
    ), (
        (2, 0, 0, \
         2, 2, 2, \
         0, 0, 0),
        (0, 2, 2, \
         0, 2, 0, \
         0, 2, 0),
        (0, 0, 0, \
         2, 2, 2, \
         0, 0, 2),
        (0, 2, 0, \
         0, 2, 0, \
         2, 2, 0)
    ), (
        (0, 3, 0, \
         3, 3, 3, \
         0, 0, 0),
        (0, 3, 0, \
         0, 3, 3, \
         0, 3, 0),
        (0, 0, 0, \
         3, 3, 3, \
```

```
    0, 3, 0),
    (0, 3, 0, \
     3, 3, 0, \
     0, 3, 0)
), (
    (4, 4, 0, \
     0, 4, 4, \
     0, 0, 0),
    (0, 0, 4, \
     0, 4, 4, \
     0, 4, 0),
    (0, 0, 0, \
     4, 4, 0, \
     0, 4, 4),
    (0, 4, 0, \
     4, 4, 0, \
     4, 0, 0)
), (
    (0, 5, 5, \
     5, 5, 0, \
     0, 0, 0),
    (0, 5, 0, \
     0, 5, 5, \
     0, 0, 5),
    (0, 0, 0, \
     0, 5, 5, \
     5, 5, 0),
    (5, 0, 0, \
     5, 5, 0, \
     0, 5, 0)
), (
    (6, 6, 6, 6),
    (6, 6, 6, 6),
    (6, 6, 6, 6),
    (6, 6, 6, 6)
), (
    (0, 7, 0, 0, \
     0, 7, 0, 0, \
     0, 7, 0, 0, \
```

```
                0, 7, 0, 0),
            (0, 0, 0, 0, \
                7, 7, 7, 7, \
                0, 0, 0, 0, \
                0, 0, 0, 0),
            (0, 0, 7, 0, \
                0, 0, 7, 0, \
                0, 0, 7, 0, \
                0, 0, 7, 0),
            (0, 0, 0, 0, \
                0, 0, 0, 0, \
                7, 7, 7, 7, \
                0, 0, 0, 0)
        )
)


class Block:
    """ 블록 객체 """

    def __init__(self, count):
        self.turn = randint(0, 3)
        self.type = BLOCK_DATA[randint(0, 6)]
        self.data = self.type[self.turn]
        self.size = int(sqrt(len(self.data)))
        self.xpos = randint(2, 8 - self.size)
        self.ypos = 1 - self.size
        self.fire = count + INTERVAL


    def update(self, count):
        """ 블록 상태 갱신(소거한 단의 수를 반환한다) """
        # 아래로 충돌?
        erased = 0
        if is_overlapped(self.xpos, self.ypos + 1, self.turn):
            for y_offset in range(BLOCK.size):
                for x_offset in range(BLOCK.size):
                    if 0 <= self.xpos+x_offset < WIDTH and \
                        0 <= self.ypos+y_offset < HEIGHT:
                        val = BLOCK.data[y_offset*BLOCK.size \
                                        + x_offset]
                        if val != 0:
```

```
                        FIELD[self.ypos+y_offset]\
                              [self.xpos+x_offset] = val

            erased = erase_line()
            go_next_block(count)

        if self.fire < count:
            self.fire = count + INTERVAL
            self.ypos += 1
        return erased


    def draw(self):
        """ 블록을 그린다 """
        for index in range(len(self.data)):
            xpos = index % self.size
            ypos = index // self.size
            val = self.data[index]
            if 0 <= ypos + self.ypos < HEIGHT and \
               0 <= xpos + self.xpos < WIDTH and val != 0:
                x_pos = 25 + (xpos + self.xpos) * 25
                y_pos = 25 + (ypos + self.ypos) * 25
                pygame.draw.rect(SURFACE, COLORS[val],
                              (x_pos, y_pos, 24, 24))


def erase_line():
    """ 행이 모두 찬 단을 지운다 """
    erased = 0
    ypos = 20
    while ypos >= 0:
        if all(FIELD[ypos]):
            erased += 1
            del FIELD[ypos]
            FIELD.insert(0, [8, 0, 0, 0, 0, 0, 0, 0, 0, 0, 0, 8])
        else:
            ypos -= 1
    return erased


def is_game_over():
    """ 게임 오버인지 아닌지 """
```

```
            filled = 0
        for cell in FIELD[0]:
            if cell != 0:
                filled += 1
        return filled > 2    # 2 = 좌우의 벽


def go_next_block(count):
    """ 다음 블록으로 전환한다 """
    global BLOCK, NEXT_BLOCK
    BLOCK = NEXT_BLOCK if NEXT_BLOCK != None else Block(count)
    NEXT_BLOCK = Block(count)


def is_overlapped(xpos, ypos, turn):
    """ 블록이 벽이나 땅의 블록과 충돌하는지 아닌지 """
    data = BLOCK.type[turn]
    for y_offset in range(BLOCK.size):
        for x_offset in range(BLOCK.size):
            if 0 <= xpos+x_offset < WIDTH and \
                0 <= ypos+y_offset < HEIGHT:
                if data[y_offset*BLOCK.size + x_offset] != 0 and \
                    FIELD[ypos+y_offset][xpos+x_offset] != 0:
                    return True
    return False


# 전역 변수
pygame.init()
pygame.key.set_repeat(30, 30)
SURFACE = pygame.display.set_mode([600, 600])
FPSCLOCK = pygame.time.Clock()
WIDTH = 12
HEIGHT = 22
INTERVAL = 40
FIELD = [[0 for _ in range(WIDTH)] for _ in range(HEIGHT)]
COLORS = ((0, 0, 0), (255, 165, 0), (0, 0, 255), (0, 255, 255), \
          (0, 255, 0), (255, 0, 255), (255, 255, 0), (255, 0, 0),
(128, 128, 128))
BLOCK = None
NEXT_BLOCK = None
```

```python
def main():
    """ 메인 루틴 """
    global INTERVAL
    count = 0
    score = 0
    game_over = False
    smallfont = pygame.font.SysFont(None, 36)
    largefont = pygame.font.SysFont(None, 72)
    message_over = largefont.render("GAME OVER!!",
                                        True, (0, 255, 225))
    message_rect = message_over.get_rect()
    message_rect.center = (300, 300)

    go_next_block(INTERVAL)

    for ypos in range(HEIGHT):
        for xpos in range(WIDTH):
            FIELD[ypos][xpos] = 8 if xpos == 0 or \
                xpos == WIDTH - 1 else 0
    for index in range(WIDTH):
        FIELD[HEIGHT-1][index] = 8

    while True:
        key = None
        for event in pygame.event.get():
            if event.type == QUIT:
                pygame.quit()
                sys.exit()
            elif event.type == KEYDOWN:
                key = event.key

        game_over = is_game_over()
        if not game_over:
            count += 5
            if count % 1000 == 0:
                INTERVAL = max(1, INTERVAL - 2)
            erased = BLOCK.update(count)

            if erased > 0:
```

```python
        score += (2 ** erased) * 100

    # 키 이벤트 처리
    next_x, next_y, next_t = \
        BLOCK.xpos, BLOCK.ypos, BLOCK.turn
    if key == K_SPACE:
        next_t = (next_t + 1) % 4
    elif key == K_RIGHT:
        next_x += 1
    elif key == K_LEFT:
        next_x -= 1
    elif key == K_DOWN:
        next_y += 1

    if not is_overlapped(next_x, next_y, next_t):
        BLOCK.xpos = next_x
        BLOCK.ypos = next_y
        BLOCK.turn = next_t
        BLOCK.data = BLOCK.type[BLOCK.turn]


# 전체&낙하 중인 블록 그리기
SURFACE.fill((0, 0, 0))
for ypos in range(HEIGHT):
    for xpos in range(WIDTH):
        val = FIELD[ypos][xpos]
        pygame.draw.rect(SURFACE, COLORS[val],
                        (xpos*25 + 25, ypos*25 + 25, 24, 24))
BLOCK.draw()

# 다음 블록 그리기
for ypos in range(NEXT_BLOCK.size):
    for xpos in range(NEXT_BLOCK.size):
        val = NEXT_BLOCK.data[xpos + ypos*NEXT_BLOCK.size]
        pygame.draw.rect(SURFACE, COLORS[val],
                        (xpos*25 + 460, ypos*25 + 100, 24, 24))

# 점수 나타내기
score_str = str(score).zfill(6)
score_image = smallfont.render(score_str,
```

```
                                    True, (0, 255, 0))
        SURFACE.blit(score_image, (500, 30))

        if game_over:
            SURFACE.blit(message_over, message_rect)


        pygame.display.update()
        FPSCLOCK.tick(15)


if __name__ == '__main__':
    main()
```

1 : 개요

소스 코드를 자세하게 설명하기에 앞서 데이터 구조나 주요 변수, 알고리즘의 개요 등에 대해서 간단하게 설명합니다.

소스 코드의 전반은 블록 정의입니다. 블록은 7종류입니다. 각각에 대해서 회전한 것이 4가지 있습니다. 그러한 데이터를 3차원 배열로 정의합니다. 각각의 셀에는 색 번호가 저장돼 있습니다

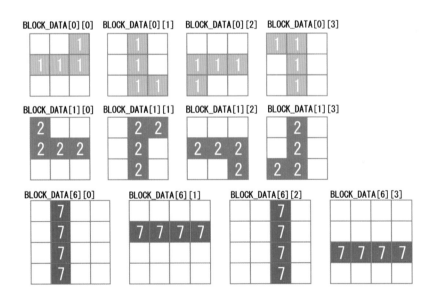

각 셀에는 다음과 같이 접근합니다.

> BLOCK_DATA[블록 종류][블록 방향][데이터 번호]

예를 들어, 위 그림의 왼쪽 위 블록은 다음과 같이 정의돼 있습니다. 데이터는 가로 세로 2차원이 아닌 1차원 배열인 것에 주의하세요.

```
BLOCK_DATA = (
    (
        (0, 0, 1, ¥
         1, 1, 1, ¥
         0, 0, 0),
```

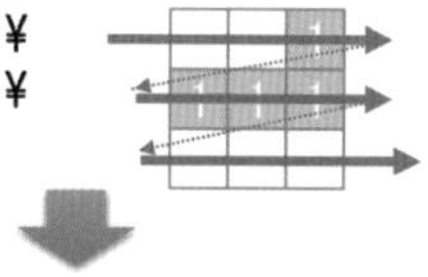

```
BLOCK_DATA = (
    (
        (0, 0, 1, 1, 1, 1, 0, 0, 0),
```

이 블록 중앙의 셀에 접근하는 경우는 BLOCK_DATA[0][0][4]이 됩니다.

이 게임에서 특히 중요한 전역 변수는 다음 3개입니다.

FIELD	벽과 겹쳐진 블록의 상태를 유지하는 2차원 데이터
BLOCK	현재 낙하 중인 블록
NEXT_BLOCK	다음에 낙하하는 블록

게임에서의 기본적인 처리는 다음과 같습니다.

• BLOCK을 한 칸씩 아래로 낙하시킵니다.

• FIELD를 보고 이 이상 낙하할 수 없을 때는 BLOCK의 내용을 FIELD에 복사합니다.

• BLOCK이 쌓여 다음 블록으로 바뀔 때는 NEXT_BLOCK의 내용을 BLOCK에 복사합니다.

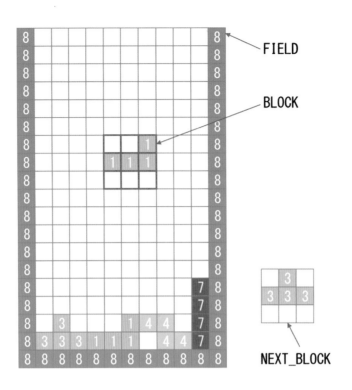

FIELD

BLOCK

NEXT_BLOCK

낙하할 수 있는지 여부를 검사할 때는 블록의 방향도 중요합니다. 다음 그림에서는 BLOCK의 위치, FIELD의 상태는 같지만 BLOCK의 방향이 다릅니다. 왼쪽 그림에서는 왼쪽 끝의 [2] 아래에 [5]가 있어 더 이상 낙하할 수 없습니다. 즉, 블록은 쌓입니다. 한편, 오른쪽 그림에서는 낙하할 수 있습니다. 이처럼 방향이 다르면 아래로 갈 수도 있고, 못 갈 수도 있어서 주의를 해야 합니다.

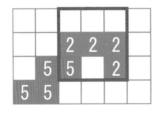 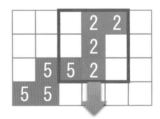

키 입력으로 회전할 수 있는지 아닌지 여부 판정도 같이 실시합니다.

첫 좌회전에서는 회전 뒤에 BLOCK과 FIELD가 겹치지 않아 회전할 수 있다고 판단합니다. 한 번 더 좌회전을 하면 BLOCK과 FIELD가 겹쳐서 회전할 수 없습니다.

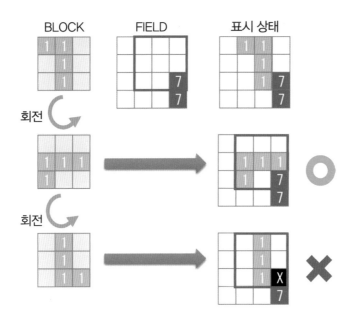

쌓였을 때는 BLOCK의 내용을 FIELD에 복사하고, 지울 수 있는 라인이 있으면 행마다 삭제하고, BLOCK의 가장 위에 새로운 공백 라인을 추가합니다.

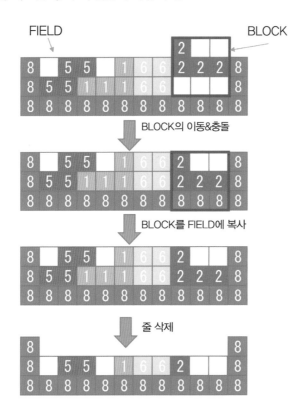

대략적으로 설명한 처리 내용은 이상입니다. 그럼 이것을 코드로 어떻게 표현할지 살펴봅시다.

이 게임에서는 BLOCK 클래스를 사용합니다. 프로퍼티와 메서드는 다음과 같습니다.

프로퍼티

turn	블록의 방향(0~3)
type	블록(0~6) 2차원 데이터(4방향 분)
data	블록 1차원 데이터 (현재의 방향만)
size	블록의 크기
xpos	블록의 x 좌표
ypos	블록의 y 좌표
fire	낙하 시작 시간

메서드

update	블록의 낙하를 처리한다
draw	블록을 그린다

낙하 중인 블록을 떠올려 보세요. 블록의 종류, 블록의 방향, 좌표 프로퍼티가 필요하다고 생각될 것입니다. 그러나 낙하 시작 시간이나 크기가 필요할 지는 모르겠죠?

이번 구현에서도 필요에 따라서 적절하게 프로퍼티를 추가합니다. 코드로 돼 있는 것은 최종 형태이지만 그 도중에 여러 가지 시행 착오가 있었습니다. 처음부터 완벽한 클래스를 만들 수는 없습니다. 지나치게 잘하려고 하지 말고 편하게 클래스 설계를 즐길 수 있으면 좋겠습니다.

def __init__(self, count):

생성자입니다. 현재 시각의 count를 인수로 받습니다.

```
def __init__(self, count):
    self.turn = randint(0, 3)
    self.type = BLOCK_DATA[randint(0, 6)]
    self.data = self.type[self.turn]
```

```
            self.size = int(sqrt(len(self.data)))
            self.xpos = randint(2, 8 - self.size)
            self.ypos = 1 - self.size
            self.fire = count + INTERVAL
```

각 프로퍼티를 초기화하고 있을 뿐입니다. 방향 turn은 0~3까지의 난수, 블록 종류 type은 0~6까지의 난수, 그러한 프로퍼티를 사용해서 data에 블록 배열을 설정합니다. 블록 크기(가로와 세로는 같다)는 데이터 수의 제곱근으로 계산합니다. 예를 들어, 개수가 9면 3, 16이면 4입니다.

X 좌표는 난수로 초기화하고, Y 좌표는 1 − self.size로 초기화합니다. 블록은 일정 간격 INTERVAL로 낙하해 갑니다. 낙하 시작 시간을 fire로 설정합니다.

def update(self, count):

블록 이동을 처리하는 메서드입니다.

```
    def update(self, count):
        """ 블록 상태 갱신 (소거한 단의 수를 반환한다) """
        # 아래로 충돌?
        erased = 0
        if is_overlapped(self.xpos, self.ypos + 1, self.turn):
            for y_offset in range(BLOCK.size):
                for x_offset in range(BLOCK.size):
                    if 0 <= self.xpos+x_offset < WIDTH and \
                        0 <= self.ypos+y_offset < HEIGHT:
                        val = BLOCK.data[y_offset*BLOCK.size \
                                            + x_offset]
                        if val != 0:
                            FIELD[self.ypos+y_offset]\
                                [self.xpos+x_offset] = val
            erased = erase_line()
            go_next_block(count)

        if self.fire < count:
            self.fire = count + INTERVAL
            self.ypos += 1
        return erased
```

is_overlapped는 블록이 겹치는지 아닌지 여부를 반환하는 함수입니다. Y 좌표를 +1 한 상태에서 겹치는지 확인합니다. 겹친 상태라면 더 이상 낙하할 수 없으므로 BLOCK의 데이터, 즉 자신을 FIELD에 복사합니다.

x_offset과 y_offset는 BLOCK 내에서의 위치를 계산하기 위한 변수입니다. FIELD에서의 장소를 구하기 위해서는 BLOCK의 좌표를 더해야 합니다.

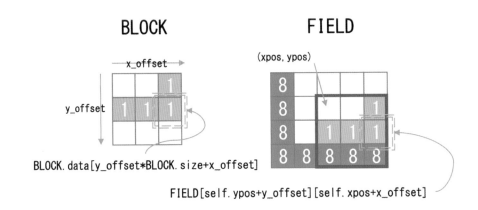

BLOCK 데이터는 1차원 배열이므로 x_offset과 y_offset에서 인덱스를 구하기 위해서 y_offset*BLOCK.size+x_offset 식을 사용합니다.

self.xpos + x_offset이 0부터 WIDTH의 범위, self.ypos + y_offset가 0부터 HEIGHT의 범위에 들어가고 있고, BLOCK의 칸 val이 0이 아니라면 FIELD에 복사합니다. erase_line()으로 행 삭제를 실시합니다. go_next_block(count)로 다음 블록으로 전환합니다.

count는 현재 시각, self.fire는 이동 시각입니다. 즉, self.fire < count 블록의 이동 시각을 지났을 때에 True가 됩니다. 그때는 다음 이동 시각을 count + INTERVAL로 설정하고, ypos의 값을 +1 해서 1단 아래로 이동합니다.

def draw(self):

블록을 그리는 메서드입니다. 블록 데이터는 1차원 배열입니다. for 문을 사용해 0부터 배열의 길이 len(self.data)까지 루프를 반복합니다.

```python
def draw(self):
    """ 블록을 그린다 """
    for index in range(len(self.data)):
        xpos = index % self.size
        ypos = index // self.size
        val = self.data[index]
        if 0 <= ypos + self.ypos < HEIGHT and \
           0 <= xpos + self.xpos < WIDTH and val != 0:
            x_pos = 25 + (xpos + self.xpos) * 25
            y_pos = 25 + (ypos + self.ypos) * 25
            pygame.draw.rect(SURFACE, COLORS[val],
                             (x_pos, y_pos, 24, 24))
```

그리는 영역은 세로와 가로 2차원입니다. xpos는 index를 크기로 나눈 나머지로 구합니다. ypos는 index를 크기로 나눈 몫(정수)으로 구합니다. // 연산자를 사용하는 것에 주의하세요. val은 칸의 데이터 값입니다.

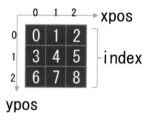

ypos + self.ypos와 xpos + self.xpos가 FIELD의 범위에 들어가고 데이터가 0이 아니면 그 칸을 그립니다. 그리는 좌표는 (x_pos, y_pos)를 왼쪽 위로 하는 (24, 24) 영역입니다. 색은 COLORS[val]으로 구합니다.

def erase_line():

가로 방향으로 모든 칸이 채워진 행을 삭제하는 함수입니다.

```
def erase_line():
    """ 행이 모두 찬 단을 지운다 """
    erased = 0
    ypos = 20
    while ypos >= 0:
        if all(FIELD[ypos]):
            erased += 1
            del FIELD[ypos]
            FIELD.insert(0, [8, 0, 0, 0, 0, 0, 0, 0, 0, 0, 0, 8])
        else:
            ypos -= 1
    return erased
```

ypos = 20으로 초기화하고 아래 줄부터 위 방향으로 행을 조사해 나갑니다. while 문을 사용해서 ypos가 0 이상인 동안 루프를 반복합니다.

if 문에서는 all() 함수를 사용합니다. all() 함수는 인수의 배열 요소가 모두 True라면 True를 반환합니다. FIELD[ypos]는 ypos번째 행의 배열입니다. 그 요소가 0이 아니면 즉, 행 전부가 어떤 블록으로 가득 차 있으면 True입니다.

if 문의 조건이 성립하면, 삭제한 행의 카운터 erased를 +1, ypos번째 행을 del FIELD[ypos]로 삭제합니다. 삭제한 만큼 insert 메서드를 사용해서 맨 위의 행에 [8, 0...0, 8] 행을 추가합니다. 8은 좌우 벽입니다. all() 함수가 False라면 ypos의 값을 하나 줄이고, 하나 위의 행을 조사합니다. 마지막으로 삭제한 행 수를 반환 값으로 되돌려줍니다.

def is_game_over():

게임 오버가 됐는지 판정하는 함수입니다. 처리 내용은 간단합니다.

FIELD[0]은 0번째 행입니다. for 문을 사용해서 가장 위의 행에 0이 아닌 칸이 몇 개인지 셉니다. 그 수가 2보다 크면 블록이 맨 위 행까지 쌓인 것으로 True를 반환합니다. 참고로 2라는 숫자는 좌우의 벽입니다.

```
def is _ game _ over():
    """ 게임 오버인지 아닌지 """
    filled = 0
    for cell in FIELD[0]:
        if cell != 0:
            filled += 1
    return filled > 2    # 2 = 좌우의 벽
```

def go_next_block(count):

낙하 중인 블록을 다음 블록으로 바꾸는 함수입니다.

```
def go _ next _ block(count):
    """ 다음 블록으로 전환한다 """
    global BLOCK, NEXT _ BLOCK
    BLOCK = NEXT _ BLOCK if NEXT _ BLOCK != None else Block(count)
    NEXT _ BLOCK = Block(count)
```

전역 변수 BLOCK과 NEXT_BLOCK를 바꾸므로 global BLOCK, NEXT_BLOCK으로 선언
합니다. 다음 행에서 BLOCK 값을 갱신합니다.

```
BLOCK = NEXT _ BLOCK if NEXT _ BLOCK != None else Block(count)
```

NEXT_BLOCK != None 조건이 성립하면 NEXT_BLOCK, 그렇지 않으면 Block(count) 로 새
로운 블록을 만들고 대입합니다. NEXT_BLOCK은 Block(count) 로 새 블록을 대입합니다.

def is_overlapped(xpos, ypos, turn):

좌표 xpos, ypos에서 방향이 turn의 블록이 벽이나 다른 블록과 충돌하는지 아닌지 여부를 반환하
는 함수입니다. 현재의 방향 데이터를 BLOCK.type[turn]으로 취득합니다.

충돌 판정은 BLOCK의 세로 방향 y_offset, 가로 방향 x_offset의 이중 루프를 사용합니다. xpos
+ x_offset과 ypos + y_offset이 범위 내에 들어갈 때, BLOCK 데이터와 FIELD 데이터가 동시
에 0이 아닐 때는 충돌로 True를 반환합니다. 블록 update 때의 루프와 비슷해서 루프의 의미를
잘 모르겠으면 update의 설명을 다시 살펴보세요.

사용하는 전역 변수는 다음과 같습니다.

WIDTH	FIELD의 폭
HEIGHT	FIELD의 높이
INTERVAL	몇 프레임만에 블록이 낙하하는가 하는 간격
FIELD	쌓인 블록의 상태를 유지하는 2차원 배열
COLORS	색의 배열(튜플)
BLOCK	낙하 중인 블록 객체
NEXT_BLOCK	다음에 낙하하는 블록 객체

그밖에 화면에 그리는 SURFACE와 프레임 레이트를 조정하는 FPSCLOCK을 사용합니다.

main()

메인 함수 내부에서는 낙하 속도를 관리하는 전역 변수 INTERVAL을 변경하므로 global INTERVAL로 선언합니다. count는 시간을 관리하는 카운터, score는 점수, game_over는 게임 오버인지 아닌지 여부의 플래그입니다.

다음 코드로 메시지 관련 초기화를 실시합니다.

```
smallfont = pygame.font.SysFont(None, 36)
largefont = pygame.font.SysFont(None, 72)
message_over = largefont.render("GAME OVER!!",
        True, (0, 255, 225))
message_rect = message_over.get_rect()
message_rect.center = (300, 300)
```

go_next_block(INTERVAL)에서 다음에 낙하하는 블록을 초기화합니다. 계속해서 다음 코드로 2차원 배열을 초기화합니다. 처음 이중 루프로 좌우 벽을 8, 공백 부분을 0으로 채우고, 다음 for 문으로 바닥 벽을 8로 설정합니다.

```
for ypos in range(HEIGHT):
    for xpos in range(WIDTH):
        FIELD[ypos][xpos] = 8 if xpos == 0 or \
            xpos == WIDTH - 1 else 0
for index in range(WIDTH):
    FIELD[HEIGHT-1][index] = 8
```

while True: 부터 메인 루프입니다. 이벤트 큐에서 이벤트를 꺼내 QUIT이면 게임을 종료합니다. KEYDOWN이라면 그 키를 변수 key에 대입합니다.

```
while True:
    key = None
    for event in pygame.event.get():
        if event.type == QUIT:
            pygame.quit()
            sys.exit()
        elif event.type == KEYDOWN:
            key = event.key
```

게임 오버가 되지 않는 동안, 다음 처리를 실행합니다.

```
game_over = is_game_over()
if not game_over:
    count += 5
    if count % 1000 == 0:
        INTERVAL = max(1, INTERVAL - 2)
    erased = BLOCK.update(count)

    if erased > 0:
        score += (2 ** erased) * 100
```

카운터를 5씩 늘립니다. 5라는 값은 게임을 실행해서 적당히 조정한 값입니다. 변경하면 어떤 변화가 일어날지 확인하세요. 카운터가 1000 배수가 되면 즉, 1000으로 나눈 나머지가 0일 때는 INTERVAL을 2 감소합니다. 1보다 작아지지 않게 max를 사용합니다. BLOCK.update(count)로 블록을 이동합니다. 삭제한 행수가 반환됩니다.

삭제한 행 수를 바탕으로 점수를 더합니다. 점수 계산으로 (2 ** erased) 식을 사용하는데, **는 멱승 (역주: 어떤 수 또는 식 a에서 그 거듭제곱을 구하는 계산법) 연산자입니다. 이번에는 이 연산자를 사용하여 삭제한 행 수의 멱승을 구합니다. 1행을 지우면 2의 1승으로 2, 2행을 지우면 2의 2제곱으로 4, 3행을 지우면 2의 3제곱으로 8이라는 식으로 한 번에 지운 행 수가 많을수록 더하게 합니다.

다음은 키 이벤트 처리입니다. 현재의 X 좌표, Y 좌표, 방향을 next_x, next_y, next_t에 대입합니다. 입력된 키에 따라서, 각각의 변수값을 갱신합니다.

```python
# 키 이벤트 처리
next_x, next_y, next_t = \
    BLOCK.xpos, BLOCK.ypos, BLOCK.turn
if key == K_SPACE:
    next_t = (next_t + 1) % 4
elif key == K_RIGHT:
    next_x += 1
elif key == K_LEFT:
    next_x -= 1
elif key == K_DOWN:
    next_y += 1

if not is_overlapped(next_x, next_y, next_t):
    BLOCK.xpos = next_x
    BLOCK.ypos = next_y
    BLOCK.turn = next_t
    BLOCK.data = BLOCK.type[BLOCK.turn]
```

not is_overlapped(next_x, next_y, next_t)이 True이면 즉, 키 조작한 결과가 겹치지 않는다면 그 키 조작을 유효로 하고, BLOCK의 xpos, ypos, turn, data 프로퍼티를 갱신합니다.

다음은 화면 그리기입니다. 전체를 검은색으로 칠하고, FIELD 값, 낙하 중인 블록, 다음 블록, 점수, 게임 오버 시의 메시지와 차례로 그려 나갑니다.

```python
# 전체&낙하 중인 블록 그리기
SURFACE.fill((0, 0, 0))
for ypos in range(HEIGHT):
    for xpos in range(WIDTH):
        val = FIELD[ypos][xpos]
        pygame.draw.rect(SURFACE, COLORS[val],
```

```
                                        (xpos*25 + 25, ypos*25 + 25, 24, 24))
        BLOCK.draw()

        # 다음 블록 그리기
        for ypos in range(NEXT_BLOCK.size):
            for xpos in range(NEXT_BLOCK.size):
                val = NEXT_BLOCK.data[xpos + ypos*NEXT_BLOCK.size]
                pygame.draw.rect(SURFACE, COLORS[val],
                                (xpos*25 + 460, ypos*25 + 100, 24, 24))

        # 점수 나타내기
        score_str = str(score).zfill(6)
        score_image = smallfont.render(score_str,
                                        True, (0, 255, 0))
        SURFACE.blit(score_image, (500, 30))

        if game_over:
            SURFACE.blit(message_over, message_rect)
```

마지막으로 pygame.display.update()로 그린 내용을 화면에 반영하고 FPSCLOCK.tick(15)로 프레임 레이트를 조정합니다.

설명은 이상입니다. 지금까지의 샘플 중에서는 가장 긴 게임이어서 힘들었을지도 모르겠습니다.[2]

여기까지 읽어 온 분이라면 앞에서 소개한 여러 가지 게임에 공통된 패턴이 있다는 것을 알 수 있었을 것입니다. 일단 패턴을 알면 다른 게임에도 응용할 수 있습니다. 내 것이 늘어나게 될 것입니다. 꼭 자신의 오리지널 게임을 만들어보세요. 힘든 일이 많을 수 있지만 그 과정이야 말로 진정한 프로그래밍입니다. 꼭 그 과정을 즐겨주세요.

---

2   500바이트 정도(이 책에 게재한 코드의 16분의 1 크기)로 같은 종류의 게임을 만든 고수가 있다고 합니다. 언어가 다르므로 단순 비교는 어렵지만 대단한 사람이라고 경탄했습니다.

마치며

서점에 진열돼 있는 책의 비율을 보면 최근 트렌드를 알 수 있습니다. 머신러닝이나 AI에서 파이썬이 자주 사용되는 것도 한 요인이라고 생각하는데, 서점에서 파이썬이 차지하는 비중은 확실히 증가하고 있습니다. 그 중 마음에 드는 책을 몇 권 구입해서 읽어봤습니다.

책을 읽으면 지식을 얻을 수 있습니다. 그러나 실제로 사용하지 않으면 잊어 버리기 십상입니다. 기술로 정착시키려면 무언가 코드를 작성해 보는 것이 제일입니다. 바로 그때쯤 「JavaScript 게임 프로그래밍–알고 싶은 수학과 물리의 기본」이라는 서적용 샘플을 만들어서 시험삼아 파이썬에 이식해 보기로 했습니다.

원래 JavaScript 코드도 나름대로 짧게 썼다는 자부가 있었는데, 파이썬으로 해보니 더욱 짧아져서 놀랐습니다. 「이런 처리를 기술하고 싶다」고 생각하면 마치 제 의도를 꿰뚫어 보고 있었던 듯 함수나 기법이 준비돼 있었습니다. 모든 샘플을 이식할 무렵에는 완전히 파이썬의 팬이 되어 있었습니다.

이 책은 필자가 파이썬으로 코드를 작성했을 때 조사한 것과 실패한 것을 정리 요약한 것입니다. 언어 사양을 망라하는 것보다는 실제로 게임을 만들어 보는 절차를 통해서 파이썬에 익숙해지는 것을 목표로 하였습니다. 앞에서 설명한 것처럼 지식을 스킬로써 정착시키려면 스스로 무언가를 만들어 보는 게 최고입니다. 꼭, 이 책의 샘플을 수정해보고, 스스로 새 게임을 만들어 보세요. 읽는 것 이상으로 얻는 것이 있을 것입니다. 이 책이 그런 계기가 된다면 더 이상의 기쁨은 없을 것 같습니다.

마지막으로 이 자리를 빌어 감사 드립니다. 기술적 시점은 물론, 소스 코드의 내용까지 세심하게 평가를 해주신 오오츠 마코토님, 서투른 원고의 체제를 갖추어 주신 에토 레이코님, 이러한 출판의 기회를 준 사쿠라님, 정말 고맙습니다.

오랫동안 개발에 종사해 왔는데, 두번째 커리어는 프로그래밍 교육에 종사하기로 했습니다. 프로그래밍 교실 설립 준비와 서적의 집필이 겹쳐 가족에게도 이런 저런 부담을 끼쳤습니다. 불만 한마디 없이 응원해 준 가족에게 마음 속 깊이 감사드립니다 정말 고맙습니다.

게임으로 배우는 파이썬

1판 1쇄 발행 2019년 3월 29일
1판 5쇄 발행 2022년 12월 30일

저   자 | 다나카 겐이치로
역   자 | 김은철, 유세라
발 행 인 | 김길수
발 행 처 | (주)영진닷컴
주   소 | (우)08507 서울시 금천구 가산디지털1로 128 STX-V타워
          4층 영진닷컴 기획1팀
출판등록 | 2007. 4. 27. 제16-4189호

ISBN | 978-89-314-5998-2

http://www.youngjin.com

YoungJin.com Y.
영진닷컴